Lüse Yingxiao Shiwu
绿色营销实务

杨旻旻　梁 宁　王亚娟　主编

化学工业出版社

·北京·

内容简介

《绿色营销实务》共分四大部分、七个章节。第一部分（第1章），主要介绍国内外绿色营销的相关理论；第二部分（第2章），主要介绍绿色营销的战略；第三部分（第3～6章），主要介绍绿色营销的策略、体系、渠道以及整合促销策略；第四部分（第7章），以四川绿色农产品为例，探索适合我国的绿色营销模式。每章配有电子课件（以二维码形式呈现）。

本书既从具体的产品、企业、行业出发观察微观与中观的绿色营销，又从区域经济和国民经济的视角研究宏观绿色营销，兼具系统性、理论性和可操作性。

本书既可作为高等职业院校经济管理类专业的教材，也可作为广大行业从业人员了解绿色营销的参考读物。

图书在版编目（CIP）数据

绿色营销实务/杨旻旻，梁宁，王亚娟主编. —北京：
化学工业出版社，2021.2
ISBN 978-7-122-38639-7

Ⅰ.①绿⋯ Ⅱ.①杨⋯ ②梁⋯ ③王⋯ Ⅲ.①企业管理-市场营销学-研究-中国 Ⅳ.①F279.23

中国版本图书馆 CIP 数据核字（2021）第 039086 号

责任编辑：章梦婕　　　　　　　　　　文字编辑：刘　璐　陈小滔
责任校对：王　静　　　　　　　　　　装帧设计：王晓宇

出版发行：化学工业出版社（北京市东城区青年湖南街13号　邮政编码100011）
印　　装：大厂聚鑫印刷有限责任公司
787mm×1092mm　1/16　印张10½　字数252千字　2021年6月北京第1版第1次印刷

购书咨询：010-64518888　　　　　　　售后服务：010-64518899
网　　址：http://www.cip.com.cn
凡购买本书，如有缺损质量问题，本社销售中心负责调换。

定　价：45.00元　　　　　　　　　　　　　　　　　　　　版权所有　违者必究

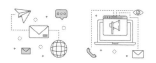

《绿色营销实务》编写人员

主　编　杨旻旻　梁　宁　王亚娟
副主编　唐晓华
编　者　（按照姓名汉语拼音排列）
　　　　杜伟茹（广州华夏职业学院）
　　　　梁　宁（四川工商职业技术学院）
　　　　马海荣（四川工商职业技术学院）
　　　　蒲俊佶（四川工商职业技术学院）
　　　　邱薏莼（四川工商职业技术学院）
　　　　唐晓华（四川工商职业技术学院）
　　　　王　粒（永辉超市股份有限公司）
　　　　王亚娟（四川工商职业技术学院）
　　　　肖晓明［深圳百果园实业（集团）股份有限公司］
　　　　熊自先（深圳市逸马科技有限公司）
　　　　颜莉霞（浙江商业职业技术学院）
　　　　杨旻旻（四川工商职业技术学院）
　　　　朱　颖（安徽工业经济职业技术学院）

前言
PREFACE

自21世纪以来,绿色环保思潮在全球范围内兴起,绿色环保成为世界各国发展的重点。2009年,联合国提出"全球绿色新政"倡议,试图通过在全球范围内大力发展绿色经济建立可持续经济发展模式,即在扩大需求、创造就业机会、重振世界经济的同时兼顾环境保护。2019年,联合国贸易和发展会议发布主题为"为全球绿色新政融资"的《2019年贸易和发展报告》(以下简称《报告》)。《报告》明确指出投资绿色环保领域既有助于全球宏观经济复苏,又有利于保护环境,为新政融资提出了一系列改革措施。

新时代以来,绿色发展理念贯穿"四个全面"的始终,成为我国新时代的发展方向。我国的新时代绿色发展理念顺应了国际发展趋势,充分展现出我国引导全球文明走向的大国担当,为推动世界和平和可持续发展、构建人类命运共同体提出了中国方案。

当前,绿色发展理念已逐渐被公众接受和认可,尤其在此次经历的新冠肺炎疫情中,人们更加深刻地反思与自然的关系,这将促使绿色发展理念进一步深入人心,形成全民共识。但必须明确的是,绿色发展要从理念转变为民众的自觉行为还须依靠生态教育的落实及实施,高等院校在其中扮演着非常重要的角色。一直以来,高等院校承担着培养推动社会发展所需人才的任务。因此培养具备高生态素养的新一代大学生,引导他们在价值取向、思维模式、行为方式中践行绿色发展观是当下高等院校必须承担的社会责任。

课程建设是高等院校开展生态教育的基础,而教材开发又是课程建设的必备条件。为了有效实施生态教育,四川工商职业技术学院借鉴"课程思政"理念,尝试将学科专业教育与绿色理念传播深度结合,组织编写了本教材。全书以绿色发展理念为指导思想,倡导以绿色消费为中心的营销观念、营销战略和营销策略,强调政府、企业和个人的高度统一,探索具有中国特色的绿色营销模式。

全书共七个章节分为四大部分。第一部分(第1章),主要介绍国内外绿色营销的相关理论,由梁宁、邱薏莼、朱颖编写;第二部分(第2章),主要介绍绿色营销的战略,由杨旻旻、马海荣、肖晓明编写;第三部分(第3~6章)主要介绍绿色营销的策略,其中第3章由杨旻旻、马海荣和蒲俊佶编写,第4章由王亚娟、颜莉霞编写,第5章由唐晓华、熊自先、杜伟茹编写,第6章由梁宁、王粒编写;第四部分(第7章)立足四川,以绿色农产品为例,探索适合我国的绿色营销模式,由王亚娟编写。

本书着眼于绿色营销领域的前沿理论和实践案例,从多个角度进行解读并联系实际,同时配有电子课件(以二维码形式呈现),具有较强的实用性,既可作为高等职业院校经济管理类专业的教材,也可作为广大行业从业人员了解绿色营销的参考读物。

由于编者水平有限,书中难免存在疏漏和不足之处,敬请专家、读者指正,以利于今后修订完善。

编者
2021 年 2 月

目录
CONTENTS

第 1 章
初识绿色营销 / 001

知识结构导图 / 002
企业项目导入 / 002
本章知识要点 / 004
1.1 绿色营销的概念 / 004
1.2 绿色营销的产生与发展 / 010
营销训练 / 014

第 2 章
以绿色价值为导向的目标市场战略 / 016

知识结构导图 / 017
企业项目导入 / 017
本章知识要点 / 020
2.1 理解绿色市场 / 020
2.2 选择绿色市场 / 023
2.3 定位绿色市场 / 031
营销训练 / 036

第 3 章
以绿色价值为导向的产品策略 / 037

知识结构导图 / 038
企业项目导入 / 039
本章知识要点 / 041

3.1 绿色产品的内涵 / 041
3.2 绿色设计 / 050
3.3 清洁生产 / 055
3.4 绿色包装与回收 / 060
营销训练 / 068

第 4 章
以绿色价值为导向的价格体系 / 069

知识结构导图 / 070
企业项目导入 / 070
本章知识要点 / 071
4.1 明确企业绿色定价目标 / 071
4.2 分析绿色定价的影响因素 / 072
4.3 选择绿色定价方法 / 078
4.4 确定绿色定价策略 / 083
营销训练 / 087

第 5 章
以绿色价值为导向的营销渠道 / 088

知识结构导图 / 089
企业项目导入 / 089
本章知识要点 / 091
5.1 绿色营销渠道概述 / 092
5.2 绿色营销渠道成员 / 095
5.3 绿色营销渠道管理 / 102
营销训练 / 105

第 6 章
以绿色价值为导向的整合促销策略 / 106

知识结构导图 / 107
企业项目导入 / 107
本章知识要点 / 109
6.1 绿色促销概述 / 109
6.2 绿色广告策略 / 112
6.3 以绿色价值为导向的公共关系策略 / 122
6.4 绿色销售促进策略 / 124
营销训练 / 126

第 7 章
绿色营销综合应用——"互联网+"背景下四川省绿色农产品的绿色营销模式 / 128

7.1 我国"互联网+"农产品发展现状及前景 / 129
7.2 四川省绿色农产品发展布局及管理现状 / 132
7.3 "互联网+"背景下四川省绿色农产品绿色营销 SWOT 分析 / 136
7.4 "互联网+"背景下四川省绿色农产品绿色营销模式 / 146

参考文献 / 158

第1章 初识绿色营销

营销智慧

绿色营销是一种能辨识、预期及符合社会消费需求,并且可带来利润及永续经营的管理过程。绿色营销活动中,要顺应时代可持续发展战略的要求,注重地球生态环境保护,促进经济与生态环境协调发展,注重消费者利益、社会利益及生态环境利益的协调统一。

——肯·毕提

学习目标

1. 掌握绿色营销概念。
2. 了解绿色营销的起源和发展趋势。
3. 正确理解绿色营销观念。

课件资源

知识结构导图

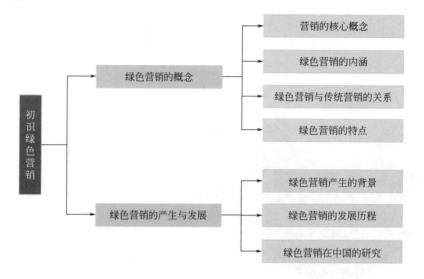

企业项目导入

案例1 地板企业实施绿色营销 首先得植入绿色理念

近年来,随着人们对绿色环保等概念的认知程度逐渐提升,这一思想也逐渐渗透到各行各业。其中地板作为与人们日常生活联系紧密的建材,也被卷入这场绿色风暴之中。当下,绿色环保已经不再仅是一种概念,对于地板企业而言,已经衍生成一种营销模式。

1. 绿色营销悄然兴起,引起地板企业重视

同传统的营销相比,绿色营销以人类的可持续发展为导向,它更加注重社会效益和社会责任。地板企业实施绿色营销,往往从产品的设计到材料的选择、包装材料和方式的采用、运输仓储方式的选用,直至产品消费和废弃物的处理等整个过程都时刻考虑对环境、社会及对消费者的影响,力求做到节约资源,保证产品安全、卫生、无公害,以维护社会的整体利益和长远利益。

2. 落实绿色营销,地板企业需从细节入手

地板企业想要将绿色营销落到实处,还需在绿色产品宣传的过程中立足长远,让消费者明白绿色消费的重要意义,引导他们追求健康和人类生态平衡。企业可采取多种形式,如开展影视宣传、组织专题演讲、派发宣传资料、参加公益活动等,逐渐拉近绿色地板产品与消费者的距离,让消费者认可并认同绿色地板产品。

同时,企业在售后服务上,也需把绿色环保的观念贯彻其中。在加强地板产品宣传的同时,各企业要大力推行绿色产品的售前、售后服务,如售前个性设计、售后健康服务等,要营造浓浓的"绿色"氛围,让消费者切实体会到绿色服务的与众不同。只有地板企业率先树立了"绿色营销"的观念并付诸实践,才会在日后的市场竞争中脱颖而出,成为新一轮市场竞争的佼佼者。

3. 地板企业实施绿色营销，理念植入是重点

地板企业寻找自有优势的前提是需要与企业切实进行结合的，要真正实施，就得按步骤进行，先从理念上进行宣传与引导，比如采用类似组织主题讲演、展开影视宣传、举办公益活动等形式，让消费者明白绿色消费的重要意义，引导他们追求健康和生态平衡，拉近绿色地板与消费者的距离，培养理念上的认同感。

另外，将绿色环保的理念体现在服务上，地板企业可以在绿色产品的售前、售后上进行理念的植入，比如个性设计和健康服务等，让消费者切实感受到与众不同的绿色服务。

随着观念发生转变，消费者由过去的片面追求商品价格开始向绿色、环保消费，追求商品的文化内涵过渡。地板企业只有正确处理好企业与消费者、企业发展与社会发展之间的关系，协调好企业的经济效益与社会效益、环境效益之间的关系，才能真正得到发展，并快速在市场中取胜。

案例 2　大自然家居的绿色营销

大自然家居（中国）有限公司是国内知名的地板与家居产品供应商，是大自然家居控股有限公司的全资附属公司，"大自然"品牌连续入选亚洲最具价值 500 强品牌。

作为"世界优秀自然保护支持者"的家居知名企业，大自然家居严格遵守森林资源来源合法性的要求，与世界自然基金会、全球森林管理委员会等国际组织共同打造创新型可持续发展的木业经营模式。大自然家居始终秉持"绿色、健康、环保"的核心价值观，积极推动健康环保产品的研发与生产，逐步构建可持续的绿色产业链；在原材料采购，产品的制造、配送、销售、售后等各个环节都力求减少碳排放，主动承担节能减排的社会责任。

大自然家居自 2006 年起积极推进"中国绿色版图工程"，相继开展了"我为黄河种棵树""我为长江种棵树""我为消费者种棵树""我为零碳种棵树""我为明天植树""我为蓝天植树"等活动。通过微博种树、网络种树等途径，吸引了社会的广泛关注，并促使越来越多的人参与和支持环保事业。2015 年 2 月，大自然家居与意大利米兰世博会签订合作协议，正式成为 2015 年米兰世博会零碳战略合作伙伴。

未来，大自然家居将转变发展方式，"可持续发展战略""绿色营销战略""国际化战略"将是企业发展的核心驱动力，通过推动战略转型，深化产业链、价值链、管理链、经营链的优化组合，构建品牌全球化体系，成为具有全球竞争力的绿色家居企业，推动大自然家居向"百年品牌"的目标迈进。

企业项目导入解读

随着市场环境的变化，人们在消费过程中更加理性，绿色环保等概念已逐步被认可。绿色环保已经不再仅是一种概念，对于企业而言，已经衍生为一种营销模式。

企业需要秉持"绿色、健康、环保"的核心价值观，积极推动健康环保产品的研发与生产，逐步构建可持续的绿色产业链；在原材料采购，产品的制造、配送、销售、售后等各个环节都

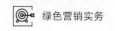

力求减少碳排放,主动承担节能减排的社会责任。

本章从绿色营销的概念、绿色营销的产生和发展两个方面来认识绿色营销。

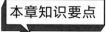

1.1 绿色营销的概念

李宁解锁环保营销新玩法

打造环保场景,构建消费者互动平台

2019年底,李宁与有熊猫(U Panda)联名开展线下快闪店活动。借助环保话题切入,同官方认证的中国首个大熊猫国际形象"阿璞"一起引消费者体验可持续的环保生活方式。

此次快闪店现场设有体验工作坊、归塑工作坊、弃资手作公益工作坊等场景,用户可以参与变废为宝大作战,亲自体验废弃塑料瓶的"花式变身",利用生活塑料再生循环材料制"衣"。场景化营销的优势在于氛围营造,与同类活动相比,品牌在打造快闪店的同时,也植入了特定的"工作坊"场景,这其实是一个增强与消费者互动的营销行为。

聚焦产品卖点,提升品牌形象

通过线下快闪店与消费者产生互动,从而将品牌的环保理念巧妙地植入消费者脑海中。此次李宁所倡导的可持续环保,抛出"零废弃""零污染"的生活理念,利用生活塑料再生循环材料制"衣",是以环保推动品牌理念传播的有效方式。

不仅如此,品牌打造从"零"到"衣"营销,从本质上讲,也是通过环保营销提升品牌形象的过程。同时,品牌推出归塑工作坊等场景,运用线下优势,也突出了新品系列使用环保纤维面料的这一卖点。

通过强化品牌与环保的关联度,在释出独特卖点的同时,也将环保信息融入到消费者的日常生活中,就是环保营销中的关键环节。

助力青年文化,获取年轻流量

对于李宁这一成熟体育品牌来说,除了利用环保做营销,从某种程度上看,这是一次将企业和社会公益做串联的举动。通过品牌践行企业社会责任,在大众面前塑造良好的品牌形象,形成一个可持续发展的良好态势,此外也是面向年轻受众市场的一次营销行为。

从理念上看,"阿璞"大熊猫形象对标世界新青年理念,而李宁又是历史悠久的成熟运动品牌。这使得品牌在收获目标人群的问题上实现了互补。另外,在快闪店中,品牌还设立了会员专场,用户可提前预览中国李宁最新鞋款,从而加深用户体验。

品牌结合环保理念并携手国宝形象打造潮流概念，可看作是一次以年轻化的表达方式宣传环保的成功营销案例。

1.1.1 营销的核心概念

如何吸引顾客并将其转化为高忠诚度的顾客是当下企业面临的主要挑战之一，解决途径就是实行有效的营销。什么是营销？营销是企业为满足目标受众（顾客）需求，所提供并推广的各种商业产品或服务。简而言之，营销是为了引起人们对企业产品的关注而采取的有效行动，这种有效行动是以一个明确的目标作为驱动。该目标需要考虑特定市场的成本效率、社会责任和有效性。

美国市场营销协会（AMA，American Marketing Association）对市场营销的定义如下：市场营销是在创造、沟通、传播和交换产品中，为顾客、客户、合作伙伴以及整个社会带来价值的一系列活动、过程和体系。

科特勒强调营销的价值导向，市场营销是个人和集体通过别人自由交换产品和价值，来获得其所需之物的一种社会和管理过程。

格隆罗斯所认为的市场营销就是在变化的市场环境中，旨在满足消费需求、实现企业目标的商务活动过程，包括市场调研、目标市场选择、产品开发、产品促销等一系列与市场有关的企业业务经营活动。

Share A Coke

Share A Coke 是可口可乐公司的跨国营销活动，它改变了传统的可口可乐标志，用一个人的名字替换"可口可乐"，将一个瓶子的一侧替换为"与可口可乐共享"。该活动使用了包含 250 个国家最受欢迎的名字列表，旨在让人们找到一个带有他们名字的瓶子，然后与他们的朋友分享。2018 年夏天，可口可乐公司在澳大利亚选用了 150 个最受欢迎的名字，并将这些名字印制在瓶子的侧面，这使得每个人都在谈论可口可乐，可口可乐公司将最重要的事情定位于客户——他们的名字。

通过找寻自己的名字和"共享可口可乐"使得这项营销活动非常成功，毕竟每个人都喜欢与自己有关的主题。如果你想让别人注意，使用他们的名字是一个很好的点子。可口可乐通过要求人们"分享"其产品来彻底改变情感联系。个性化和情感联系是这次活动的关键。

1.1.2 绿色营销的内涵

市场营销起源于欧美，是在西方国家应运而生的学科。企业的营销观念随着环境的变化也在发生变化，从传统的生产观念、产品观念、推销观念、市场营销观念，直到现代的社会营销观念、生态营销（环境营销）观念，绿色营销也是在传统营销的基础上发展起来的，是传统营销的延伸与扩展。

绿色营销包括两层含义。第一层含义指有利于生态环境保护,充分利用资源和促使资源的有效配置等方面;第二层含义指符合整个社会价值观、伦理道德观,有利于社会公德的形成等,是绿色原意的升华。因此,我们可以把绿色营销界定为:对生态环境和社会环境友好的营销。

绿色营销是指基于保护环境的前提而销售产品和提供服务的过程,这种产品或服务本身可以是绿色环保的或者是以环境友好的方式生产的。例如:以可持续的方式制造产品,产品不含有毒物质或消耗臭氧物质,能够回收或由可回收材料、可再生材料制成,没有使用过多的包装,产品被设计为可再利用而不是"一次性"的。消费者可以通过"有机""环保""可回收"或"可持续"等术语来识别绿色营销。

英国威尔斯大学肯·毕提教授在《绿色营销——化危机为商机的经营趋势》一书中指出绿色营销是一种在获得经济效益的同时可以实现持续经营的管理过程,它能够辨识、预测符合社会发展的消费需求,是企业和社会实现可持续发展的重要引擎。换句话说,绿色营销是在满足消费者和经营者共同利益的同时兼顾实现社会效益,使生态环境得到保护的管理活动方式。

综合上述观点,绿色营销是指企业以促进可持续发展为目标,为实现经济利益、消费者需求和环境利益的统一,根据科学性和规范性原则,通过有目的、有计划地开发及同其他企业交换产品价值来满足市场需求的一种管理过程。

绿色营销狭义上是指个体或企业在满足消费者需要、维护生态环境的基础上,为实现自身利益和目标,针对产品和服务进行的市场调查、研究与开发、设计与试制、采购、生产、销售等一系列的经营活动。

绿色营销广义上是指社会营销观念的发展和延伸。推行绿色营销的企业在社会营销观念指导下,在营销战略制定、市场研究与目标市场选择、产品生产、定价、分销和促销等营销全过程中注重消费者利益、社会整体利益和环境利益。

Timberland

世界著名的服装制造商和零售商 Timberland(添柏岚)用可持续发展的故事来介绍引入它的产品。全球变暖对世界产生了巨大而深远的影响,也对环境构成了威胁。Timberland 的温室气体来自办公室、零售商店、制造工厂和配送中心以及员工的出行。Timberland 的目标是实现"碳中和"——完全降低并抵消 Timberland 拥有及运营的工厂所排放的温室气体造成的影响。为了实现这一目标,该企业采取了下列核心举措。

在 Timberland 场所使用可再生能源(太阳能、风能、水能),这些场所包括位于多米尼加共和国的工厂、位于荷兰恩斯赫德以及美国加利福尼亚州安大略的配送中心。例如,在加州的配送中心安装了一套最新的 400 千瓦的太阳能电池板系统。这套系统在世界上排名前 50,可满足配送中心 60% 的用电需求,同时减少排放温室气体约 218 吨。改进照明设计,对 Timberland 场所的照明系统进行优化,进而提高效率。例如,通过安装新的照明系统,美国境内配送中心的用电量降低了大约 40%;为购买混合动力车的员工提供 3000 美元现金奖励，以此鼓励大家改变自己的出行方式。与普通汽车相比，混合动力车具有更低油耗和更小的尾气排放量。此外，还举行了"骑自行车上班日"活动，鼓励员工骑自行车上班，进而降低碳排放。自愿购买"T-REC"——可再生能源交易积分。可再生能源交易积分也叫做"绿色标签"，其款项用于资助可再生能源的生产。购买者可用积分来抵消那些自身无法消除的温室气体。

Timberland作为活跃的LOHAS（乐活，Lifestyle of Health and Susatainability）支持者，代表了健康和追求持续性的一种生活方式。2000年的时候在美国出现了一群具有环境、社会和健康意识的消费者，如果没有绿色元素，客户将不会选择该品牌。"我们已经做了很多消费者研究，如果并排放置两种产品：一种来自我们的品牌，一种来自竞争对手。如果它们的价格和质量相当，那么多数时候，如果它是用某种绿色元素制作的，顾客往往会选择我们的产品"，Timberland战略合作伙伴和业务发展总监Margaret Morey-Reuner说，为了制定和实施想要的绿色营销战略，公司会继续拓展产品的合作伙伴关系和测试环保材料；并已在所有产品类别中制定了环境标准（TEPS），计划在未来使用100%的有机和可再生材料。

1.1.3 绿色营销和传统营销的关系

1.1.3.1 绿色营销和传统营销的联系

绿色营销不同于传统营销，它是传统营销的延续，绿色经济学和环境社会学为绿色营销理论的研究奠定了基础。在经营目标上，企业实行绿色营销更加注重自身的可持续发展，换句话说就是企业的社会责任感较强；在经营活动中，企业将绿色彻底贯穿于营销的每一个环节，从环境资源的角度出发，落脚点仍为环境资源，强调绿色供应链。

绿色营销是现代市场营销发展的一个重要方面，从营销原理和营销过程来讲，它与传统市场营销是一致的，只是在具体营销过程中侧重点不一样。同其他营销方式相比，绿色营销的特点就在于"绿色"。

1.1.3.2 绿色营销和传统营销的差异

（1）绿色营销是传统营销观念的升华　经过一个世纪的探索和发展，企业的营销观念已从以产品为导向发展到以人类社会的可持续发展为导向，并在此基础上提出了绿色营销。与传统的营销观念相比较，绿色营销是20世纪50年代由产品导向转向顾客导向具有根本性变革的又一次升华。

绿色营销的出现是以消费者绿色意识的觉醒和绿色消费的出现为前提，其营销服务的对象已从消费者扩展到消费者和社会，其目标从最大限度地刺激消费转为追求可持续发展。绿色营销所追求的是人类长远利益和长期可持续发展，重视协调企业经营与自然环境的关系，力求实现人类行为与自然环境的融合发展。

绿色营销的手段在于模仿自然界的协调机制，它以适度消费和替代消费为手段，最终实现企业利润、消费者利益、社会利益（特别是生态环境利益）的协调发展。因此，它对企业的要求更高，对政府的依赖性也更强。

总之，绿色营销更注重社会效益，要求企业以社会效益为中心，以全社会的长远利益为重点，变"以消费者为中心"为"以社会为中心"。

（2）经营目标的差异　传统营销无论以产品为导向或者后期以顾客为导向，企业经营都是以取得最大利润为目标。企业经营主要考虑企业利益，往往忽视了全社会的整体利益和长远利益。其研究焦点是企业、顾客和竞争者，并通过协调三者的关系来取得利润。传统的营销不注意资源的有价性，甚至不惜以破坏生态环境利益来获得企业最大利润。

绿色营销的目标是经济发展同生态发展和社会发展相协调，促进总体发展战略目标的实现。绿色营销不仅考虑自身的利益，还考虑全社会的利益。

企业实施绿色营销，从产品设计到原材料选择、包装材料的选取、运输仓储方式选用，甚至到产品消费和废弃物处理整个过程都注重节约资源、保护环境，重视社会整体利益和长远发展。

（3）经营手段的差异　传统营销通过产品、价格、渠道、促销有机结合实现自己的营销目标。绿色营销强调营销组合的"绿色"因素，注重绿色消费需求的调查和引导，注重在生产、消费及废弃物回收过程中降低危害，注重符合绿色标准产品的开发和经营，并在定价、渠道和促销过程中树立企业形象，考虑保护生态环境的绿色因素。经营手段的具体差异如表1-1所示。

表1-1　传统营销和绿色营销的区别

不同之处	传统营销	绿色营销
研究焦点	通过协调企业、顾客与竞争者来获取企业效益	通过协调企业、顾客、竞争者和环境实现企业利益、消费者利益和环境利益、社会利益的协调统一
产品特点	符合消费者需求，符合技术及质量标准，有竞争力	符合消费者需求，符合技术及质量标准，有竞争力，还要求在设计、生产、销售和服务上注重环保
价格特点	受生产、销售、管理成本和企业利润影响	受生产、销售、管理成本、企业利润和环境成本影响
分销渠道	中间商、代理中间商	简化分销环节
促销方法	人员推销、广告促销、产品宣传	绿色广告、绿色公关、绿色促销

1.1.4　绿色营销的特点

作为一种新的营销方式，绿色营销至少有以下几个特点。

（1）综合性特点　绿色营销综合了市场营销、生态营销、社会营销和大市场营销观念的内容。市场营销观念的重点是满足消费的需求，一切为了顾客需求是企业开展一切工作的最高准则。生态营销观念要求企业把市场要求和自身资源条件有机结合，发展也要与周围自然的、社会的、经济的环境相协调。社会营销要求企业不仅要根据自身资源条件满足消费者需求，还要符合消费者及整个社会的目前需要及长远需要，倡导符合社会长远利益，促进人类社会自身发展。大市场营销，是在传统的市场营销四要素（即产品、价格、渠道、促销）基础上加上权利与公共关系，使企业能成功地进入特定市场，在策略上必须协调地施用经济、心理和公共关系等手段，以取得国家或地方有关方面的合作和支持。绿色营销观念是多种营销观念的综合，它要求企业在满足顾客需要和保护生态环境的前提下取得利润，把三方利益协调起来，实现可持续发展。

（2）统一性特点　绿色营销强调社会效益与企业经济效益统一在一起。企业在制定产品策略时，既要考虑到产品的经济效益，同时又必须考虑社会公众的长远利益与身心健康，这样产品才能在大市场中站住脚。人类要寻求可持续发展,就必须约束自己,尊重自然规律,实现经济、自然环境和生活质量三者之间的相互促进与协调。社会公众绿色意识的觉醒,使他们在购买产品时不仅考虑对自己身心健康的影响,也考虑对地球生态环境的影响,他们谴责破坏生态环境的企业,拒绝接受对环境有害的产品、服务和消费方式。只有国家、企业和消费者同时牢牢树立绿色意识并付诸实践,绿色营销才能蓬勃发展。

(3) 无差别性特点　绿色标准及标志呈现世界无差别性。尽管世界各国的绿色产品标准不尽相同,但都是要求在产品质量、产品生产、使用消费及处置等方面符合环境保护要求,对生态环境和人体健康无损害。

(4) 双向性特点　绿色营销不仅要求企业树立绿色观念、生产绿色产品、开发绿色产业,同时也要求广大消费者购买绿色产品,对有害产品进行自觉抵制。绿色营销也是降低资源消耗、提高经济效益的重要途径。日本推出节省 25% 燃油、少排 80% 废气的绿色汽车;美国研制出燃烧效率比现有汽车高 3 倍的小型汽车,推出装有计算机闲置部件"安眠"的电流控制芯片,推行低辐射的节能电视机……越来越多的事实证明,只有发展清洁技术、生产绿色产品、推进生产全过程控制和预防,才能发展节能、降耗、节水、节地的资源节约型经济,实现生产方式的变革,加速工业、交通及通信业发展模式的全面转换。

绿色营销的具体措施包括树立绿色营销观念、搜集绿色信息、开发绿色资源、研制绿色产品、制定绿色价格、开发绿色促销、实行绿色消费、实施绿色管理等内容。这些措施和内容的全面实施,必将使市场与环境的关系大为改善,最终将使市场在新的运行机制下达到一种新的平衡。

京东立邦战略合作,回归绿意生活

2018 年 7 月 4 日,京东和立邦战略合作暨立邦原生植萃漆新品发布会在京举行。

此次发布会上,立邦原生植萃漆于京东首发,其目的是让消费者在选购环保涂料的同时,还可以在线预约立邦漆调色、刷新、送货上门等服务。此次合作在数据资源方面,京东通过强大的大数据分析能力对立邦的用户客群做精准画像,帮助立邦掌握市场动态和机遇,更具针对性地调整促销策略、产品架构和未来发展规划;在物流方面,京东智慧物流与立邦完备的物流、供应商链相互配合,实现多渠道物流体系共存,促进立邦在线上渠道的服务提升。

立邦的成功,首先是采用了突破性技术"生物质平衡方案",将原生植萃漆生产过程中所使用的石油资源 100% 替换为棕榈,并保持涂料性能不变。其二,立邦原生植萃漆采用了"空气卫生技术",达到了Ⅰ级抗菌。这两种技术不仅有助于实现可持续发展,还具备包括低气味在内的诸多优秀产品功效,如耐擦洗、可调色、抗碱、防霉等。给消费者提供了优质的室内安全环境保证。

一个是以"科技引领生活"为企业使命的电商企业,一个是作为亚太地区领先的全方位涂装服务商。两者都有"以人为本"的共同理念。此次,立邦与京东的紧密合作带动了涂装行业环保技术的升级,也是为消费者打造绿色、环保、自然的家居空间,从而拥有更加健康幸福的生活。

1.2 绿色营销的产生与发展

新希望有机奶

上市"艰辛":土壤 5 年净化,牧场 1 年严审

新希望琴牌乳业领"鲜"行业的有机巴氏鲜牛奶的上市历经"艰辛",从土壤净度、奶牛养殖、生产工艺、有机认证,无一不以最严苛标准严格要求:土壤经过 5 年以上的自然净化,牧场工厂经过 1 年以上的严格审核;澳特兰有机鲜牛奶作为"低温"有机巴氏鲜奶产品,其加工、生产、包装、贮藏、运输严格遵照有机食品的相关标准,每一项环节均接受南京国环有机产品认证中心严格认证,通过外包装上专属的有机编码,可全程追溯品质。新希望琴牌希望这款产品带给消费者的不仅是鲜活的体验,更是追求自然品质的生活理念。

追溯用上"黑科技":手机一扫查明一滴奶的"身世"

当今时代,有机和创新是新品的内核。除了拥有 360°有机牛奶生产链外,每一个产品包装盒上都有一个有机编码,这就是它的"身份证",可以查询产品完整身世,全程可追溯。据了解,登录中国食品农产品认证信息系统网站,输入编码即可查看。

1.2.1 绿色营销产生的背景

一个多世纪以前,Ralph Waldo Emerson 强调了保护我们周围世界的必要性。在当今的数字化时代做有益于保护地球生态环境的事仍然是前沿和中心。事实上,现在的公司普遍以各种方式使用回收或可再生资源,以减少能源消耗和浪费。

1.2.1.1 绿色营销产生的外部因素

绿色营销的产生,有其复杂的外在因素,并且各因素起的作用和影响程度也不同,以下就影响绿色营销产生的最重要的两个因素加以论述。

(1)经济可持续发展要求绿色营销 长期以来,人们似乎将地球资源视为取之不尽、用之不竭的资源,对工业生产给环境带来的危害性没有足够认识,甚至认为地球自身具有完全净化空气和水源、自动消除污染的能力。直到 20 世纪 60 年代,工业发达国家污染公害频发,全球变暖、酸雨侵蚀绿色资源、赤潮危害海洋生态等环境污染使人类的生存受到严重威胁,也造成经济上的巨大损失。

目前,我国经济呈现出较高的增长速度,令世界瞩目,但也面临着环境污染的严峻挑战。

种种事实表明,传统的经济增长方式已使我国经济、人口和资源环境之间处于一种紧张冲突状态。因此,我们必须顺应世界经济的绿色化发展趋势,走经济可持续发展的"绿色道路"。企业作为国民经济的细胞,其经营活动对人民生活、资源、环境会产生直接影响。《中国 21 世纪议程》对企业的经营行为提出了新的要求,要求企业树立绿色营销观念,兼顾企业利益、消费者利益、社会利益和生态利益。由此可见,绿色营销作为实现经济可持续发展的有效手段,是市场营销发展的必然选择。

(2) 国际贸易竞争要求绿色营销　世界贸易组织(WTO)的贸易规则规定,允许各缔约国"为了维护人类和动植物的生命、健康,为了保护环境、保护可能枯竭的天然资源,有权采用必要的环境管制措施……"国际贸易中的保护主义运用环境保护的名义,采用更加隐蔽的环境管制措施阻碍外国产品的输入。这些措施进而发展成为一种新的非关税壁垒——绿色贸易壁垒,以保护本国工业免受进口产品的冲击。

在国际化竞争中,产品竞争力从传统的价格、非价格因素,延伸到环境因素。据有关资料,77%的美国人表示企业的绿色形象会影响他们的购买欲,82%的德国和荷兰消费者表示在购物时会考虑环保问题,94%的意大利人在选购产品时会考虑绿色产品。在这种情况下,西方国家企业纷纷加大绿色环保投资,实施企业绿色化策略,提高产品环境竞争力。面对全球绿色浪潮的兴起和日渐提高的绿色贸易壁垒,我国传统"高投入、高污染、低产出"的粗放式经营已经不能适应竞争,企业的产品竞争力大大降低。只有积极地开发绿色产品并通过认证使其获取绿色标志,企业才能掌握进军国际市场的主动权。

1.2.1.2　绿色营销产生的内部因素

(1) 迎合绿色需求的增长　随着绿色意识在全球的觉醒,"绿色运动"不断推动着"绿色产业"的发展和"绿色消费观"的形成。绿色需求要求生产者提供的产品必须符合绿色产品的要求,在消费过程中不会给消费者身心造成危害,同时要求在生产过程中要尽量减少对环境的污染。绿色需求在市场上表现为需求的生态化、环境化。从国外市场看,76%的荷兰人和82%的德国人在购买物品时,首选绿色产品。在我国,绿色消费逐渐深入人心。绿色产品已逐渐受到人们的青睐。随着宣传力度的加大,以及人们看到或尝到绿色消费的好处,绿色消费将是大势所趋。绿色需求成为新世纪的需求热点,我国企业应该顺应这一潮流,大力实施绿色营销,使自己在未来的竞争中处于优势。

(2) 创造新的商机　在绿色消费浪潮的冲击下,企业开始逐渐关注绿色经济带来的机会。环境保护法的实施,各项环保政策的制定,公众对环境的关注均在一定程度上影响和制约企业的行为。同时,相当多的企业借着环境管理形成竞争优势。由此形成新的切入点和市场空白,给企业带来商机。

(3) 追求合理的经济效益　按照国际上通常的做法,政府允许绿色产品的价格比同类产品价格上浮一定比例。例如,德国霍恩海姆大学农业经济专家喻曼博士的研究结果表明:绿色食品的价格比一般食品高出50%~200%;芬兰政府允许绿色产品价格上扬30%以上;日本绿色产品的价格比一般产品价格高20%以上等。从目前在国内为大众所接受的绿色产品来看,其经济效益明显高于非绿色产品的经济效益,如目前流行的现榨果汁,其价格与同样容积的罐装饮料相比有3~5倍的差价,如果扣除成本的因素,其利润是罐装饮料的3~5倍。

绿色营销要求企业通过技术革新,加强内部管理,降低原材料使用量,提高产品质量,同时避免产品的过度包装,加强容器的重复使用、废弃物的二度利用或出售等,这一切都能够提高资源的利用率,降低企业的生产成本。而且绿色营销容易获得政府的支持,享受一些优惠政策,降低经营成本,其对环境的关注也有利于获得来自社会的情感共鸣,容易成为媒体正面宣传的热点,从而获得社会的信赖,使企业更容易发现各种商机,减少市场交易费用。

（4）树立良好的企业形象　在市场竞争日益激烈，环境保护愈来愈重要的今天，企业要想在众多的竞争对手之中立于不败之地，树立绿色企业形象是至关重要的。国外的一项调查表明，社会公众对企业运作好坏的评价，除了价格、质量、服务以外，还有"环境保护""公众形象"等。由于中国经济实力的增强和观念的改变，消费者已经开始关心生活品质，如环境质量、绿色产品等，绿色营销的实施可以满足消费者对环保、健康的诉求，这必然会赢得公众的好感，提升其在公众心目中的形象，为企业树立良好的企业与品牌形象，从而帮助企业赢得顾客和市场，并促进其与消费者和社会形成良好关系，引导企业的各项运作进入良性循环，成为企业重要的无形资产和长远发展的有力保障。

1.2.2　绿色营销的发展历程

市场营销作为一门历史悠久的学科，经过多年的发展已经演化成学科分支多元化的重要学科。营销学对于指导市场经济健康发展，培养人们正确的消费观，实现资源与需求的平衡具有重要的意义。传统的营销理念对于经营活动的重要性已经被诸多实例证明，但是随着学科建设的逐渐深入，绿色营销已经成为市场营销学体系的重要组成部分及主流的营销模式。

绿色营销这一营销模式，最先是在欧洲国家提出来的，并在一定历史条件下成长起来，它的产生和发展离不开时代的背景，一系列时代机遇是绿色营销发展壮大的催化剂。通过对前人的研究成果加以总结和提炼，可以将国外绿色营销发展过程描绘为萌芽期、成长期、挫折期和复兴期四个阶段。

第一阶段：萌芽期（20世纪70年代至80年代中期）。20世纪60年代至70年代早期，随着生态危机不断加剧与人类绿色意识的觉醒。人们对社会与环境的忧虑逐步加剧。人们开始意识到我们生活在有限的世界里，然而无尽的、失去控制的扩张将最终耗尽我们赖以生存的自然资源，绿色营销的萌芽悄然而生。

最早进行绿色营销研究的是George Fisk和其他20世纪70年代的学者。美国市场营销协会（AMA）在1975年建立了第一个"生态营销"工作室，Henion（海涅）与Kinnear（金尼尔）在1976年对绿色营销的定义是：有助于解决环境问题的和能够为环境问题进行治疗补救的所有营销活动。

第二阶段：成长期（20世纪80年代至90年代中期）。20世纪80年代后期，世界各国工业污染的加剧，导致人类发展与自然环境的矛盾日益突出。"可持续发展"的绿色理念得到广泛传播。"清洁工艺"强调创新产品和生产系统的设计，在设计阶段设计出消除污染的新工艺。总之，在这一阶段绿色营销的涵义更加深远，关注范围也日益扩大，包括所有的用品与服务（如清洁用品、家电、旅游业、银行业等）。很多学者从全球视角关注环境，如全球变暖、气候变化等，绿色营销的思想开始在全球范围内扩展。

受外部环境等客观因素的限制，我国学术界与绿色营销的正式接触较晚，始于20世纪90年代初。我国对绿色营销的探索也经历了由浅到深的过程。通过学习西方绿色营销理论，我国学者逐渐认识到企业的可持续发展离不开与生态环境建立和谐的关系，绿色营销的根本目标就是实现消费者利益、企业利益、社会利益的高度统一。

第三阶段：挫折期（20世纪90年代中后期）。在上一阶段成长期，绿色营销理念在理论和实践中都获得了长足的发展。关于绿色营销的研究也呈现百家争鸣、百花齐放的盛况。学者们大都预言绿色营销将随着时间的推移获得更大的发展。但绿色产品市场的表现与发展还是令人失望。造成此现象的原因有两方面。首先，绿色项目成本支出较高，很难在实践中保持价格竞争优势。其次，竞争者打折促销，攻击技术与环保的可靠性使绿色产品显得"脆弱"。因此生产环保并具有价格优势的新产品在实践中困难重重，其次是关于绿色产品的界定也有困难。

第四阶段：复兴期（20世纪以后）。尽管在20世纪末学术界中有的专家和企业家、消费者对绿色营销的实际效果失望并产生了动摇，但大部分人仍坚信绿色营销是21世纪企业发展和社会进步的必然要求，要坚持绿色营销理念。Lyn S. Amine 发表了题为《全球绿色话题的微观与宏观探讨——保持"绿色"不易》的文章，提出了新时代绿色营销的认知模型。Andrea Prothero 发表了题为《绿色营销——将永不退去的热潮》一文，认为绿色营销面临的挫折即"反冲"是暂时性的。绿色营销绝不仅仅是个"热潮"。全球环境生态状况和所有国家对自然环境的重视程度决定了绿色营销的发展方向只能是无限扩大。Mr. Moloy Ghosh 在《绿色营销——变化时代中变化的理念》一文中提出企业只有避免绿色营销"近视"，从"卖产品"向"卖服务"转变，才能走上更加可持续发展之路。

1.2.3 绿色营销在中国的研究

20世纪70年代以来，随着经济的飞速发展，水土流失、全球变暖、酸雨、雾霾等环境问题日益加重，人们开始关注生态环境，开始重新审视人类的发展。联合国先后出台《海洋公约》《生物多样性公约》《哥本哈根协议》等一系列保护环境的法律条文。为响应可持续发展的号召，我国将"低碳经济"列为"十二五"规划中的重中之重，"十七大"进一步将建设生态文明作为实现全面建设小康社会奋斗目标的新要求，"十九大"报告中的"五位一体"更是将生态文明建设提高到了前所未有的高度，提出建设美丽中国。

绿色营销的本土化是一种不可避免的趋势，任何一种营销理念都有其生存发展的空间，但其具体形式都会随着空间的变换而发生相应的转换。绿色营销及其理论起源于西方国家，但随着我国企业不断将绿色营销的观点运用于日常生产实践中，绿色营销的本土化就十分明显了。许多企业为赢得本地消费者的认同和本地政府的青睐，不断改进营销策略以适应企业所在区域的市场特征，从而使企业不断挖掘发展潜力并创造出较大的企业收益。

中国正处于新一轮的能源改革中，"绿色营销"已成为一个势不可挡的趋势。绿色营销可能是最新的营销类型，也是全球目前关注的问题，绿色营销试图生产、促进销售和回收对环境友好的产品。

理论研究方面，1992年，由戴巧珠和臧庆华在中文核心期刊《外国经济与管理》上发表的《发展"绿色"战略，增强竞争优势》的论文是国内第一篇以"绿色营销"为研究主题的论文，启发了中国后续学者关于绿色营销的研究。

21世纪以前，学者主要是认识绿色营销，从可持续发展的角度阐释绿色营销。赵智宏、马晓云（1998）从可持续发展理论的基本内涵出发，研究绿色营销理论的内涵、推行途径。

2000年之后的近十年里，众多学者界定了绿色营销的内涵、特征、理论基础，对如何发展绿色营销提出建议策略和设计绩效评价。纵观绿色营销理论的发展历程，可以清晰地发现，绿色营销理论的发展经历了产品中心论、环境中心论、利益中心论和发展中心论四个阶段（万后芳，2000）。何志毅、于泳（2004）指出绿色营销活动中企业、消费者、政府以及非政府环保组织扮演着重要角色，它们各自交叉作用，而其中部分绿色企业作为这四种主体中的核心，是绿色营销活动的主要推动力。刘凤军、吴琼深（2005）认为绿色营销的实质是企业为了适应外界环境的变化和消费者的绿色需求而积极发展的过程。李文伟（2006）对前人关于绿色营销的内涵、面临问题和挑战、实施对策的研究进行综述。魏明侠（2002）设计绿色营销绩效评价指标体系结构并分析了各指标间的关系。

学者们对绿色营销的研究也从宏观转向微观，开始对涉及房地产、农产品、旅游等不同行业的企业进行专攻研究。戚振强、刘长滨等（2007）探讨了房地产绿色营销的内容和适宜性问题并分析企业和政府对房地产绿色营销的推动力量。农产品绿色营销由于农产品本身的特殊性，其认证问题制约着我国农产品贸易的发展。范平（2011）针对此类问题进行了深入研究和总结，并为农产品生产经营认证的发展提出了建设性的建议。赏万春（2015）深入分析沃尔玛绿色营销发展战略和措施效果，拓展了中国零售企业发展绿色营销的思路。

国内学者对企业绿色营销的具体操作方面进行了大量的研究，总结起来，主要有如下观点。首先，企业必须树立绿色营销观念，对绿色营销的信息进行规范合理的管理；其次，建立并执行绿色生产制度，合理开发绿色健康产品；最后，制定合理的绿色产品价格，建立有效的绿色营销渠道，做好绿色营销工作。

总之，绿色营销首先是一种观念。首先，企业要通过宣传自身的绿色营销宗旨，在公众中树立良好的绿色形象。其次，绿色营销又是一种行动。企业可以利用各种传媒宣传自己在绿色领域的所作所为，并积极参与各种与环保有关的事务，以实际行动来强化企业在公众心目中的印象。最后，企业还应大力宣传绿色消费时尚，提倡人们使用绿色产品，支持绿色营销，提高公众的绿色意识，引导绿色消费。

营销训练

知识要点训练

1. 什么是绿色营销？
2. 绿色营销的特点是什么？
3. 绿色营销观与传统营销观的差异主要表现在哪几个方面？

绿色营销思维训练

1. 请列举一个符合绿色营销的企业，并给出理由。
2. Timberland 公司的绿色营销观是如何体现出来的？请分析并给出理由。

职业素养训练活动：坐地起身

1. 道具要求：无需道具
2. 场地要求：空旷的场地一块
3. 训练时间：20 分钟至 30 分钟
4. 活动规则：
① 要求四个人一组，围成一圈，背对背地坐在地上；
② 不用手撑地站起来；
③ 随后依次增加人数，每次增加 2 人直至 10 人。

在此过程中，教师要引导学生坚持、坚持、再坚持，因为成功往往就是再坚持一下。

5. 训练目的：这个活动体现的是团队成员之间的配合，主要让大家明白合作的重要性。

情景化训练

1. 分小组观察身边的绿色营销活动，将其分类，指出其绿色到底体现在哪些地方？

2. 进入《学习强国》 App，搜索绿色、环保、营销等关键词，探讨新时代绿色营销的发展趋势。

第2章

以绿色价值为导向的目标市场战略

课件资源

 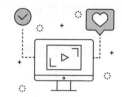

营销智慧

- 在营销操作展开之前,有一个最关键的步骤——为品牌定位。定位,是营销管理中产品、价格、分销、促销要素之前的环节,影响着所有的后续步骤。

——菲力普·科特勒

学习目标

- 1. 明确绿色营销战略的主要步骤:市场细分、目标市场选择和定位。
- 2. 掌握绿色消费品市场的细分变量。
- 3. 了解绿色企业的市场进入模式和可选择的市场营销策略。
- 4. 分析绿色企业的潜在竞争优势,尝试进行市场定位。

能力目标

- 1. 培养洞察及分析绿色市场的能力。
- 2. 培养理解及判断用户诉求的能力。
- 3. 培养逻辑思维能力。

第 2 章 以绿色价值为导向的目标市场战略

知识结构导图

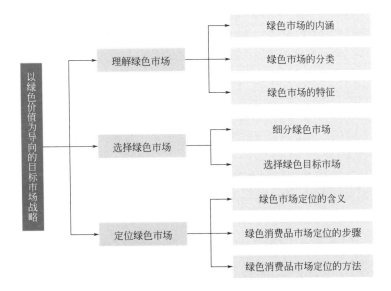

四川凯力特，绿色智能遮阳在绿色建筑中的绿色营销典范

随着经济和社会的快速发展，能源短缺、环境恶化已然成为当今人类面临的两大重要问题。建筑业对能源以及土地、矿石、木材、水等各种资源消耗较多，对环境污染较重，因此，探索并建立可持续的建筑业发展模式具有迫切需要。在此背景下，绿色建筑应运而生。❶ 正如清华大学建筑学院教授栗德祥先生所说，绿色建筑的目的是为了应对全球气候变化，具体讲是节能减排。因此，绿色住宅需要具备实用、经济、绿色、美观四项基本性能，缺一不可。作为一家专注于绿色智能遮阳产品技术研发和应用的企业，四川凯力特智能科技有限公司致力于解决绿色智能遮阳系统在绿色建筑中如何最大限度满足和平衡这四项基本性能。自 2008 年成立至今，四川凯力特已被评为高新技术企业，获得专利认证 17 项，公司研发及生产的上百种绿色智能遮阳产品已被广泛应用于现代建筑中，为国家的节能减排事业做出了贡献。

---

❶ 绿色建筑指在建筑的全寿命周期内，最大限度地节约资源，包括节能、节地、节水、节材等，在给人们提供健康、舒适和高效的使用空间的同时，达到人工建筑与自然和谐共生的目的。

凯力特实施案例 1：成都国际金融中心项目

成都国际金融中心项目位于成都繁华的商业口岸春熙路商圈，是香港九龙仓在成都投资的地标性建筑。该项目由 4 座塔楼及裙楼组成，塔楼和裙楼之间均设计有玻璃采光顶，在项目建设过程中，业主方并没有把绿色智能遮阳纳入其中，直到商场开业以后，建设初期没有设计绿色智能遮阳的弊端才逐渐显现出来，主要体现在以下几个方面。

（1）由于没有绿色智能遮阳产品的遮挡，太阳热能直接从玻璃进入室内，夏季高温的时候，温度根本无法降下来，造成室内异常闷热，而且空调满负荷工作，能耗极高。

（2）阳光直接照射进室内，顾客行走于商场内，也犹如走在大马路上，光线异常刺眼，顾客甚至会将其他物品置于头顶，避免阳光直射带来的灼伤，也避免强光下的眼睛疲劳昏眩。

（3）由于没有遮阳系统的阻隔，阳光直射于室内的设备、物品及商品上，导致木质设备开裂及其他损失。

凯力特的绿色营销工作也是基于以上三点展开，客户的痛点即是需求，但是如何才能证明装上绿色智能遮阳系统能够解决以上问题呢？那就是用事实说话，营销人员带业主方的管理层去其他项目考察，同时由凯力特技师团队现场试装一套，让业主方的管理层现场体验，最终得到业主方领导的一致认可。工程完成后的回访数据也显示，该项目的遮阳效果和隔热效果均十分明显，不仅空调能耗数据比以前总体降低了近 37%，而且有效防止了强光直射和紫外线的进入。智能遮阳系统大大提高了这一国际级高端购物中心的舒适度和品质感。这个项目的成功也让凯力特和业主方建立了长期合作伙伴关系。

凯力特实施案例 2：富力天汇中心

在成都中心的天府广场旁，有一座高 175 米的宏伟建筑，它不仅是成都的中心商务区地标，也是成都写字楼市场上里程碑式的项目，它就是富力天汇中心。中心集甲级写字楼、五星级酒店、购物中心和精装住宅为一体。其中购物中心玻璃采光顶面积达 1200 平方米，业主方在富力天汇中心建设初期并未考虑玻璃采光顶的遮阳隔热问题，这使得高能耗、高紫外线和眩光问题给商场的营运造成极大负面影响，甚至直接影响商场的客流量。对于业主来讲，解决购物中心遮阳和隔热问题迫在眉睫。

因为业主是来自制造业发达的地区，曾一度怀疑企业在智能遮阳方面的设计和施工能力。为了打消业主顾虑，凯力特比其他竞标方更快地拿出了一套切实可行的方案。

（1）采用法国尚飞 FTS 面料张力系统作为智能控制机构，以玻纤面料为遮阳主材，使系统成熟稳定。

（2）采用户外安装方案，在玻璃顶面新增龙骨架，把遮阳系统安装在新增龙骨架上面，避免了室内施工对营运造成的影响，同时也为后期的维修、维护提供了更加便捷的条件。

（3）采用更加环保的节能创新设计，即面料离玻璃面有30厘米的距离。这样既能有效地将紫外线和热能阻隔在玻璃外，玻璃和面料之间的距离又能保持空气的流通，具有更好的散热功能，对节能减排起到了非常好的效果。

经过多轮竞标，凯力特更加绿色节能的设计方案，得到业主方的认可，赢得标的，并快速高效地完成施工，让质疑变成了称赞，为行业提供了另外一种设计参考。通过现场实际检测对比，安装绿色智能遮阳系统后，商业中心已实现单项节能35%，大大降低了运营成本，使凯力特智能遮阳系统越来越受到业主方的欢迎。

绿色营销的概念是以绿色促进销售，绿色智能遮阳企业追求更加绿色的产品前沿技术，以实现最大化的节能环保。而凯力特正是因为掌握行业的核心技术和对这一领域持续不断深度研发，才保证产品更适应市场的需求，得到市场的认可，从而使企业更大更强。

这样的案例还有很多，凯力特的市场占有率也在区域内保持着连续数年的领先态势。但同时凯力特深知，要在整个行业处于不败之地，使企业做大做强，务必紧抓绿色营销这把利剑，以绿色推动营销，探索最新的技术，研发更完美的产品；科学管理，合理布局，推动行业标准和产业链升级，才能使整个绿色智能遮阳行业得到更健康的发展，产品得到更广泛的应用，对全社会的节能减排和应对全球气候变暖做出更大的贡献。

企业项目导入解读

企业从绿色营销的实践出发，在市场调研的基础上首先就要考虑选择进入的产业，满足顾客具体的绿色需求。这就需要对绿色市场进行细分，从中发现与企业自身资源及发展方向相符的目标市场，进而考虑如何进入，如何对自己的企业或产品进行定位。这就是通常所说的STP战略，即市场细分（Market Segmentation）、目标市场选择（Market Targeting）和市场定位（Market Positioning）。就像四川凯力特公司，把绿色智能遮阳产品市场作为公司的目标市场，并将资源集中于对其所创造价值最感兴趣的消费者，为他们提供具有吸引力的产品，最终在激烈的竞争中脱颖而出。

本章我们将探寻以绿色价值为导向的STP目标市场战略。在充分认识绿色市场的基础上，将其划分为有意义的顾客群（市场细分）；选择一个或多个细分市场（目标市场选择）；对于每一个目标细分市场，确定并传达公司产品/服务的显著优势（市场定位）。

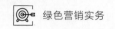

本章知识要点

2.1 理解绿色市场

美国有机食品营销范式

全食超市（Whole Foods Market）成立于1980年，总部位于美国得克萨斯州奥斯汀，是一家专门销售有机食品和天然食品的连锁超市，也是全美首家获得认证的有机食品零售商。全食超市以"安全健康、优质高价"作为营销定位，以中高收入精英阶层为目标顾客群体，向消费者提供新鲜、健康、安全的多元化有机食品。历经数十年辛苦耕耘，现今全食超市已经成为美国有机食品零售领导者。

总结全食超市的成功之道，不难发现它在长期的有机食品营销实践中形成了科学的营销范式，如独特的市场定位、安全的优质产品、合理的差异化价格、舒适愉悦的购物体验等。

市场定位

在全食超市成立之初，有机食品消费浪潮已在美国悄然兴起。尽管前景广阔，但有机食品这一细分市场并未得到足够重视，专注于此的企业寥寥。通过对消费者需求的分析、未来市场发展趋势的判断，以及其他竞争者经营策略的比对，最终全食超市决定避开与大型连锁超市的正面碰撞——以"安全、健康"为切入点，专门销售有机、天然食品，希望把"全食"打造成目标顾客的"营养师"，通过赢得高端市场，从美国零售市场中成功突围。

2.1.1 绿色市场的内涵

绿色市场的概念，至今还没有一个确切的权威定义。我国在国家认证认可监督管理委员会和商务部共同制定的《绿色市场认证管理办法》中，将绿色市场定义为经认证机构按照有关绿色市场标准或者技术规范要求认证，并允许使用绿色市场标牌（志）的农副产品批发市场和零售市场。从市场营销的角度讲，绿色市场是指为了更好地保护生态环境和资源的可持续利用，从社会和个人健康、安全的角度出发，为满足个人、家庭和组织需要而产生可持续购买行为的消费者和用户群。因此，营销意义上的绿色市场包括个人和家庭、组织机构、社会团体和与之相应的其他群体。在此情况下，可将绿色市场概括为绿色需求、购买力以及对绿色商品购买欲望的总和。

2.1.2 绿色市场的分类

绿色市场有狭义和广义之分。狭义的绿色市场是指专门销售绿色产品或提供绿色服务的市场，例如经认证的蔬菜批发市场、水果批发市场、肉禽蛋批发市场、水产品批发市场、粮油批发市场、调味品批发市场等专营批发市场和农副产品综合批发市场，食品生鲜超市等专营农副产品的零售市场，以及大型综合超市大卖场、仓储式商场、便利店等兼营农副产品的零售场所。广义的绿色市场包含整个绿色产业价值链及该价值链上涉及的所有利益相关方，可分为：农业消费品领域——农副产品批发和零售的绿色市场，服务业领域——绿色技术服务与交易市场，非农生产消费品领域——绿色消费品交易市场，生产流通领域——绿色原材料和绿色包装材料市场等。

2.1.2.1 绿色技术交易市场

绿色技术交易市场包括绿色科技和绿色管理技术服务。绿色科技即高科技的"绿色化"，它是指为了开发保护全球生态环境和促进人类社会可持续发展研发的高科技产品和技术。绿色科技是开展绿色生产、推动绿色产业发展的技术保障。绿色管理技术服务是一种软科学，它是企业为了塑造"绿色"形象，将绿色投入作为企业前瞻性投资，积极发展绿色科技、开发绿色产品，努力采用先进技术和管理手段，注重环境保护、推行清洁生产的一种经营管理模式。

2.1.2.2 绿色消费品及相关服务的交易市场

从吃穿住用行的角度看，目前的绿色消费品大体可分为绿色食品、药品、生态服装、生态住宅、生态用品和生态旅游等，以及生产设备等生产消费品。这些产品从生产、消费到废弃的全过程都符合环保要求，其中不仅有人们的生存资料，而且涵盖了一些享受资料和发展资料。具体来说，如无污染、无公害、安全、优质、营养的绿色食品；安全、健康、污染小的绿色家电；无废气、低噪声、低废热的电动汽车；节约能源、便于回收利用、"零污染"、健康清洁的绿色建筑等都属于绿色消费品的范畴。

2.1.2.3 绿色原材料市场和绿色包装材料市场

关于绿色原材料市场。企业要生产对生态环境无害的产品，首先从原材料开始，企业必须选择对环境无害、本身不存在有害物质的绿色产品作为原材料进行生产。因此，绿色产品的生产，不仅是面对消费者市场的企业的行为，也是面对生产者市场的企业应该注重的问题。

关于绿色包装材料市场。绿色包装材料是指通过制造、运用、废弃及回收管理再利用等过程，节约原料和成本，丢弃后能够迅速自然分解或再运用，不会影响生态稳定，而且原材料广泛，易回收且再生循环利用率高的材料。作为一种一次性消耗品，包装废弃物污染已成为全球迫在眉睫的问题。全球固体废弃物总量约十亿吨，包装废弃物的占比高达33%，而其主要的处理方式——堆埋，也给环境带来严重破坏。因此，世界许多国家纷纷立法，把推行绿色包装作为头等大事。目前，根据制造保护条例和材料使用管理办法，绿色包装材料大致可分为三类：可风化回归自然的原料、可回收处理再造的原料、准绿色包装原料。

2.1.2.4 农副产品绿色市场

我国"农副产品绿色市场"概念的提出始于1999年10月。由原国家国内贸易局等6个部委发起的"三绿工程",是一项以建立健全流通领域和畜禽屠宰加工行业食品安全保障体系为目的,以严格市场准入制度为核心,以"提倡绿色消费、培育绿色市场、开辟绿色通道"为主要内容的系统工程。培育绿色市场主要内容有:硬件设施现代化,场地环境清洁卫生;严格市场准入管理,保障上市销售食品安全;设立安全、放心食品专柜、专区;推行竞价销售、拍卖、电子结算等先进交易方式以及物流配送。

2.1.2.5 其他绿色市场

随着世界绿色产品交易范围的持续扩展,绿色市场的新形式也将不断创新。

2.1.3 绿色市场的特征

绿色市场既具有一般市场的各种特征,同时又具有独特个性。就交易对象来说,绿色市场有如下特征。

2.1.3.1 绿色市场是高价值(格)市场

一般来说,绿色产品因为增加了环保功能,无论技术要求还是生产标准都更为严格,因此绿色产品的品质通常高于普通同类产品。也正因如此,绿色产品的价格普遍高于同类普通产品。以农产品为例,根据有关研究文献,无公害农产品的成本高出普通农产品4.5%~35%,这意味着,如果无公害农产品的利润与普通农产品相同,那么无公害农产品的价格必然高于普通农产品4.5%~35%。

2.1.3.2 绿色市场具有广阔的发展空间

绿色产品的消费无地域差异性。绿色产品因为其本质属性,无论对人类自身、社会发展还是生态环境都是有利的,因此具有广泛的市场需求。可以说,这种市场需求已超越了民族、区域的不同消费习惯,成为全球共同的需要。故绿色市场有巨大的发展潜力。

2.1.3.3 绿色市场中的产品一般具有特殊的标记

一般来说,绿色产品必须得到相关机构的认证。因此,从外观来看,绿色产品通常会有特殊的标记、标识、图案或文字说明。例如产品上印有"绿色""生态""有机""健康""环保"等标记,或者有节能、节水、降噪、安全等特别说明。

2.1.3.4 绿色市场是一个相对不完全竞争的市场

我们可以把绿色产品价格形成机制归纳为两大因素。一是自然垄断,一些绿色产品只能在特殊的自然条件下生长,如高山蔬菜、高山茶叶等。特殊自然条件的有限性决定了这类产品产量的有限性,也决定了这类产品的自然垄断性。二是技术垄断,某些绿色产品需要特殊的生产技术,当这些技术处于垄断时,产品自然也处于垄断地位。无论是自然垄断,还是技术垄断,都会导致绿色产品价格的增加。因此,绿色市场是一个不完全竞争的市场。

2.2 选择绿色市场

绿色健康饮品成为市场发展趋势

软饮料是指酒精含量低于 0.5%（质量比）的天然的或人工配制的饮料。按原料和加工工艺分为碳酸饮料、果汁及其饮料、蔬菜汁及其饮料、植物蛋白质饮料、植物抽提液饮料、乳酸饮料、矿泉水和固体饮料 8 类。

2019 年软饮行业市场现状

如图 2-1 所示，根据欧睿数据，2019 年国内软饮行业规模 5785 亿元，其中瓶装水、RTD 茶、果汁、碳酸饮料分别为 1999 亿元、1222 亿元、902 亿元和 864 亿元，占比为 34.55%、21.12%、15.59% 和 14.94%。

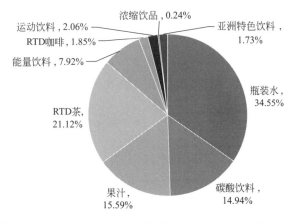

图 2-1　2019 年中国软饮市场细分市场占比分析（单位：%）

（数据来源：欧睿 前瞻产业研究院整理）

中国软饮料发展现状

随着科技化、"互联网+"模式、人工智能的加速到来，中国也迎来了第三次消费结构升级。在这次消费升级中，反映出了我国日益增长的消费水平和注重食品健康和感官体验的发展趋势。以饮料行业为例，以果蔬汁、茶饮料等为代表的健康饮品，在近几年出现了增长的态势。据前瞻产业研究院估计未来中国软饮市场将保持 5.5% 的复合平均增速，到 2025 年市场规模超过 7900 亿元。

但必须注意的是，软饮料市场的发展并不是伴随着所有细分产品市场的发展而同时发展。近年来，碳酸饮料、高糖果汁、高糖茶饮等饮料品类在市场上已经面临衰退，中国的消费者正在远离这些不健康产品。而同时，瓶装水、运动饮料、无糖茶、NFC 果汁等新饮料品类越来越受消费者欢迎。而常温 NFC 果汁、常温酸奶等产品与低温同类产品因为突破冷链覆盖局限获得了高速增长。由此可见，人们对饮料的选择开始讲究营养和口味。

1. 口味是软饮料产品的核心属性

口味创新是产品创新的重中之重。如果从功用性角度来说,软饮料的功用性本质在于解渴,而从解渴发展到下一步便是口味。口味是软饮料产品最基本也是最核心的属性,厂商的产品创新能力能否满足国内消费者的口味变化是决定产品能否畅销,甚至是企业生存发展的重要因素。

2. 消费升级带来行业新趋势

健康和保健功能将更加受消费者关注,健康保健内涵更加丰富将是软饮料行业未来重要的发展趋势。在这种趋势之下,碳酸饮料衰落将不可避免,而符合健康特点的瓶装水、蛋白饮料、果汁、运动饮料、清淡饮料等品种则有较大的市场潜力。

3. 低热量软饮料产品成为市场趋势

近几年碳酸饮料巨头在碳酸饮料市场受阻的情况下,大力开发零热量或低热量的天然甜味剂,更好地模仿全热量碳酸饮料的口味。以百事可乐和可口可乐为例,百事可乐在全美范围内推出了 PepsiNext 品牌,这是其旗舰品牌的人工加糖的中热量版;还推出了人工加糖的零热量健怡百事可乐(DietPepsi)来改善其保质期。而可口可乐开始在美国的某些市场上测试其天然加糖的、低热量版本的雪碧和芬达饮料。虽然目前相关产品市场反应并不理想,但从长期来看,低热量饮料产品仍将会成为市场趋势。

4. 更注重产品包装色调的内涵开发

红色瓶装饮料让消费者更多地感受到欢快、明朗、年轻化、充满能量,且受到女性消费者的青睐;白色色调则代表了干净、简洁、高贵、神圣等;而绿色色调则代表了生态、自然、健康、新鲜、和平和安全等,未来软饮料产品在产品包装上,将会在色调上下更多功夫,突出产品特色,给消费者眼前一亮的感觉。

综合来看,健康、绿色、定位清晰的软饮料产品将会成为未来几年软饮料产品市场的发展趋势。

绿色市场选择是指企业或其他从事生产经营活动的主体确定自己目标市场的活动,即通常所说的 STP 战略。它是企业进行绿色营销组合的前提,为企业设计绿色营销组合方案提供决策依据。

绿色市场选择要解决两大问题:一是要明确企业为什么要选择绿色市场作为自己的目标市场;二是要懂得如何选择绿色市场。从一般性经营行为来看,企业选择目标市场是为了寻找获利的市场机会,而企业选择绿色市场作为其目标市场,除了盈利,承担社会责任是另一个不可忽视的因素。

2.2.1 细分绿色市场

2.2.1.1 绿色市场细分概述

绿色市场细分是从市场细分引申出来的概念,它是指企业根据消费者的需求、特点或行为差异,将绿色市场划分为若干个具有相似绿色消费需求的子市场或消费者群,便于企业制定营销战略和策略,有效实现绿色营销的过程。

绿色市场细分是企业选择绿色市场的必要环节。首先,绿色市场细分能够帮助企业发现市场机会。有效的市场细分能够明确指出每个市场的特征、营销潜力、本企业在目标市场上的竞争优势和商业价值，使企业找到市场机会。其次，绿色市场细分能够帮助企业制定和调整营销方案，提高营销效果。最后，绿色市场细分能够帮助企业合理利用资源，提高企业竞争力。有效的市场细分能帮助企业发现消费者的潜在需求，避开强劲的竞争对手，集中企业的优势资源，将潜在需要变为消费者的现实需求，达到占有该细分市场的目的。因此企业要对消费者进行系统研究。

有效的市场细分要求企业在对消费者进行系统研究的基础上，明确什么是目标消费者的实际绿色需求，该需求有多大规模，消费者对这些绿色需求是否有支付能力和支付意愿，企业是否有能力满足消费者的绿色需求等问题。通过回答和解决这些问题，最终能生产绿色产品，形成市场竞争优势，使企业在激烈的竞争中脱颖而出。

2.2.1.2 绿色市场细分的变量

通常，传统营销观将消费品市场的主要细分变量归纳为地理变量、人口统计特征变量、心理统计特征变量和行为因素变量。对于绿色消费品市场来说，虽可将传统细分变量作为划分市场的依据，但更需根据绿色消费品市场的特点，确定好划分子市场的细分变量，以便进行更为合理的市场细分，使企业选出要进入的绿色子市场，集中企业优势资源，提供适销对路的绿色产品。在这一过程中，企业获取了生态效益、社会效益和企业效益，消费者也得到更为环保和健康的产品享受，最终实现了企业、社会和消费者的共赢。

下面将对绿色消费品市场的细分变量作出具体分析。

(1) 不同的绿色产品市场需要不同的细分变量 以产品价格为例，由于绿色产品的溢价性，绿色消费多产生于中高档收入的消费者，然而对不同类型的绿色产品，或处于不同地区的消费者，他们所接受的溢价程度存在很大的差别。对绿色食品而言，由于其直接影响家庭成员的安全与健康，购买者从自我保护出发，可以接受比普通产品高出2~3倍的价格，甚至更高的价格。比如，一袋250克的普通菠菜售价为1.99元，一袋250克的有机菠菜售价则高达9.9元。但对电子产品来说，消费者通常可以接受的绿色产品溢价比例为10%~15%，和有机食品相比有很大的悬殊。

(2) 消费感知效力是对绿色消费行为产生正面影响的细分变量 消费感知效力是指消费者对自身行为有助于解决环境资源和社会伦理等问题的自信程度。当消费者认为自己的言行对社会环境问题发挥的作用微乎其微时，其感知效力处于低水平，此时消费者做出行为决策的可行性较小；反之，如果消费者认为自身有能力改善生态环境，那么其感知效力就会增强，他们就有可能成为绿色消费者。因此，感知效力经常被作为区分绿色消费者和非绿色消费者的细分变量。

(3) 环境态度是影响绿色市场细分的重要心理变量 心理学上的计划行为理论认为，态度可以解释行为，并对行为产生正向影响。环境态度是指个体在充分接触和了解生态环境的重要性后，形成的对生态环境的基本看法和评价。个体的环境态度会影响其生活方式的选择。一般来说，具有较强环境态度的个体更为关注生态环境的变化，注重自身行为对生态环境的影响。因此在选择产品时，持积极环境态度的消费者会因为绿色产品的高环保价值产生较强的购买意愿和消费活动。可以说，环境态度是影响消费者绿色购买行为的主要因素。

(4) 人口统计特征变量和地理变量是绿色市场细分的主要变量 因为感知、态度等心理变量在企业营销实践中难以操作，所以人口统计变量和地理变量仍然是绝大多数企业在进行绿色市场细分时采用的主要变量。一般来说，人口统计变量主要包括年龄、性别、职业、教育、收入、家庭规模、宗教信仰等。大多数研究者认为，绿色消费者普遍具有年轻、受教育程度高、家庭收入较高等特点。从国内市场来看，绿色食品、绿色建材、绿色家居用品等的消费者也主要集中于高收入和高知识水平人群中。

从地理因素来看，经济越发达的国家和地区其绿色产品市场规模越大也是不争的事实。2018年发布的《绿色之路中国经济绿色发展报告》间接地对地理因素作为细分市场的变量给予了支持。该报告表明我国绿色发展不平衡，呈现出地带性特征，东部沿海地区的省区和城市绿色发展优势明显，绿色发展综合得分从东南沿海向西北呈逐渐递减的态势。在省区尺度上，浙江、广东、江苏名列前三；在城市尺度上，深圳、杭州、北京、广州、上海名列前五。表2-1介绍了几种绿色消费市场细分变量。

表2-1　绿色消费市场细分变量

细分变量	特征描述
绿色消费意识	绿色消费者可按照其绿色消费意识的强弱程度划分为意识模糊、意识较强和意识深刻
消费感知效力	消费感知效力是指消费者对自身行为有助于解决环境资源和社会伦理等问题的自信程度。消费感知效力与绿色消费行为有显著相关性
受教育程度	受教育程度越高的群体，对生活品质的要求越高，成为绿色消费者的可能性越大，越愿意支付较高的价格购买绿色产品
环保知识	环保知识和绿色消费之间存在明显正相关，消费者环保知识越丰富，购买绿色产品的概率越高
人口统计变量	从收入水平来看，不同收入水平对绿色产品的需求程度不同。绿色消费者主要集中在高收入人群中；从性别来看，通常认为女性特别是已婚女性比男性更加关注绿色产品消费；从年龄结构来看，年轻消费者相较于老年消费者更具有绿色消费倾向；从地理分布来看，经济发达地区绿色需求较强，欠发达地区绿色需求较弱

（5）不是所有的细分市场都是有效的　从理论上来说，任何一个绿色市场都可以被细分为许多子市场，但并不是所有市场细分方案都是有效的。因此，企业进行市场细分后，还要对细分后各个子市场的市场容量、市场潜力、进入的难易程度、市场特征等进行全面评估。评估时通常考虑可衡量性、可进入性、可盈利性、差异性和相对稳定性五个因素。

① 可衡量性。它是用来测量细分市场的规模、购买力和特征。

② 可进入性。企业可以通过营销活动有效地影响和服务细分市场。

③ 可盈利性。细分后的子市场有足够的需求量和成长潜力，保证企业进入后能够获取长期稳定的利润。

④ 差异性。它指细分市场不仅在理论上具有差异，在实际上也具有明显差异，对不同的营销组合和方案有不同的反应，便于企业向市场提供差异化、个性化产品。

⑤ 相对稳定性。细分市场在经营周期内要保持相对稳定。

2.2.1.3　细分绿色市场的方法

绿色消费品市场细分与一般消费品市场细分从本质上来说是一致的，因此传统的市场细分方法对绿色市场依然有效。常用的市场细分方法包括：单项变量细分法、综合变量细分法和系列变量细分法。

（1）单项变量细分法　单项变量细分法是根据影响消费者需求的某一个重要因素进行市场细分。需要注意的是，这一因素必须符合商品和市场特征。例如影响玩具市场需求量的主要因素是年龄，因此玩具商往往会针对不同年龄段的儿童开发不同的玩具。此外，性别也常作为市场细分变量，被服装、化妆品、洗漱用品、杂志等行业所重视。

通常，使用单项变量细分法需要达到两个条件：一是市场竞争不很激烈，市场细分程度不高，用某一变量就能够细分出有效市场；二是在影响消费者购买的诸多因素中，有一项影响最为强烈的主导因素。例如，绿色食品根据技术等级可以被划分为 A 级和 AA 级两个级别；根据消费者的年龄可以被划分为儿童、中青年、老年三个子市场；根据消费者收入水平可以被划分为高等、中等、低等三个层次。而对大部分绿色产品来说，因其溢价性，通常以高收入消费者为主要市场，兼顾中等收入消费者，暂不考虑低等收入消费者。表 2-2 是按收入划分的绿色市场。

表 2-2　按收入划分的绿色市场

子市场Ⅰ	子市场Ⅱ	子市场Ⅲ
高收入	中等收入	低收入

（2）综合变量细分法　综合变量细分法又被称为多变量法，它是为了弥补上述单项变量细分法的不足而采用的市场细分方法。它以影响消费者需求较大的两种或两种以上因素作为细分变量进行市场细分。以某绿色食品市场为例，以消费者收入水平、性别和绿色需求意识的强弱这三个因素作为细分变量。以消费者收入水平为变量可将该绿色食品市场分为高收入、中等收入、低收入三类需求子市场；以购买者性别为变量可将该绿色食品市场分为男性和女性两个需求子市场；以绿色需求意识强弱为变量可将该绿色食品市场分为意识模糊、意识较强和意识深刻三个需求子市场。将三个变量交错进行细分，一个绿色食品市场就被分为 18 个子市场，绿色食品企业可根据自身资源情况和发展目标确定自己的目标市场。

（3）系列变量细分法　从客观上来说，为了更准确地细分一个整体市场，应考虑多选几个细分变量，并且将每个变量产生的不同特征尽可能多地考虑进去。但这样会导致这个市场可能被细分为很多个子市场。例如上述绿色食品市场就被细分为 18 个子市场，市场的确是被细分了，但也给企业选择目标市场带来极大困难。系列变量细分法则可有效避免这一缺陷。

系列变量细分法又叫多层级变量法，它是根据企业经营的特点并按照影响消费者需求的各种因素，从粗到细将整体市场逐层细分，每下一阶段的细分，均在上一阶段选定的细分子市场中进行。细分过程就是一个比较、选择目标市场的过程。这种方法能将目标市场描画得更加明确和具体，有利于企业有针对性地制定相应营销策略。如某绿色食品企业根据此方法，最终选择为生活在城市、收入水平在中高等的中青年提供中高档绿色食品，如图 2-2 所示。

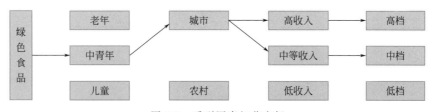

图 2-2　系列因素细分市场

2.2.2 选择绿色目标市场

对企业来说，面对众多通过合理评估的细分市场，应怎样去选择呢？下面将以绿色消费品市场为例，分别对绿色目标市场的进入模式、选择策略以及影响绿色目标市场选择的主要因素进行讨论。

2.2.2.1 绿色消费品市场的进入模式

通过对有关绿色消费品市场的细分市场进行评估，企业会选择一个或几个子市场作为自己的目标市场。那么企业怎样进入自己选择的目标市场呢？一般来说有以下四种模式可供企业选择。

(1) 产品市场集中化　这是一种最简单的目标市场覆盖战略，即绿色消费品企业只选取一个子市场（M_1）作为目标市场，然后集中企业的全部资源专攻单一的绿色消费品（P_2），满足其需要，如图 2-3 所示。如四川阿坝某羌活种植基地与某著名中药企业签订长期合同，只为对方供应羌活，只有不符合对方标准的才进入其他渠道。

(2) 产品专门化　绿色消费品企业集中生产一种绿色消费品，供应各种不同消费者群体。企业只生产和销售一种能够满足若干个子市场（M_1、M_2、M_3）的绿色消费品（P_1），如图 2-4 所示。如某有机食用油生产企业同时向家庭、单位食堂、宾馆酒店、节日礼品需求单位供应有机食用油，但是不供应其他的产品。

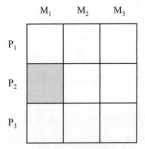

图 2-3　产品市场集中化模式

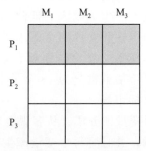

图 2-4　产品专门化模式

(3) 市场专门化　绿色消费品企业生产经营多种绿色消费品（P_1、P_2、P_3）满足某一子市场（M_1）的各种需要，如图 2-5 所示。如某肉制品加工企业，以猪肉、鸡肉、牛肉等多种肉类产品供应大、中、小型各类超市。

(4) 产品市场选择专门化　绿色消费品企业生产几种绿色消费品（P_1、P_2、P_3），满足某些子市场（M_3、M_1、M_2）的需要，即企业选择几个吸引力强，并且符合本企业战略目标和资源条件的细分市场，如图 2-6 所示。如全食、Planet Organic 等有机食品连锁超市。

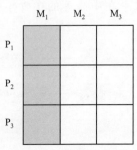

图 2-5　市场专门化模式

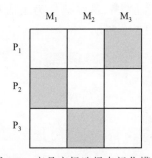

图 2-6　产品市场选择专门化模式

2.2.2.2 绿色消费品市场营销策略选择

绿色消费品企业选择好了要进入的市场后，就应该为目标市场制定合适的营销策略。一般情况下，有三种常用的营销策略。

（1）无差异营销策略　无差异营销策略是以整体的市场为服务对象，不加以细分，不考虑各子市场的特点。因此企业只使用单一的营销组合策略，尽可能满足大多数顾客的共性需求。如图2-7所示。

企业采用无差异市场营销策略，可能是企业发现它所面对的绿色市场需求倾向于同质化，差异很小，或者不考虑细分市场的区别，而是强调细分市场的需求共性。无差异市场营销策略的最大优点是

图2-7　无差异营销策略

低成本。单一绿色消费品的生产和销售，通过规模优势，降低了生产、储存和运输成本；无差异的广告宣传和促销活动节省了促销费用；不进行细分市场的营销调研减少了企业的调研和管理成本。

但是，这一策略对大多数企业来说并非是最佳选择，尤其是对于那些目光长远、实力雄厚的大企业来说，采用无差异营销策略会带来很大弊端。从客观上来说，消费需要千差万别，不断变化，如果企业不能及时调整自身的产品以满足消费者需求，一旦竞争对手根据不同细分市场提供更有针对性的绿色消费品时，采用无差异策略的企业会发现自己的市场份额不断遭到蚕食。

（2）差异化营销策略　差异化营销策略是指企业将整体绿色消费品市场细分为若干子市场后，同时为几个子市场服务，针对每一子市场的需求差异设计独立的营销组合策略，如图2-8所示。

相较于无差异营销策略，差异化营销策略因其能够针对不同的细分市场，提供不同的绿色消费品，实施不同的营销策略，满足不同的消费需求，所以不仅有利于创造更大的销售额、培养消费者的品牌忠诚度，还可以在扩大企业市场占有率的同时分散经营风险。但不可忽略的是，绿色消费品种类的增加和营销组合的多样化，同样使生产成本和营销成本相应增加，这容易导致企业的资源配置分散，投资回报率降低，因此企业不宜进入过多的细分市场。

（3）集中性营销策略　集中性营销策略是指绿色消费品企业集中资源推出一种或少数几种绿色消费品，服务于一个或少数几个绿色细分市场，实行专业化生产和销售，力求能在这一个或几个细分市场中获得较高的市场份额，如图2-9所示。

图2-8　差异化营销策略　　　　　　图2-9　集中性营销策略

对于绿色消费品企业来说，采用集中性营销策略可以加深对目标市场需求的了解，便于企业发挥特长，集中优势资源为目标市场服务，赢得强有力的市场地位和差异化竞争优势。同时，专业化的生产、分销和促销，也能使企业降低多方面的成本，因此这一策略尤其适用

于资源有限的中小绿色消费品企业。但必须注意的是,该策略存在较大风险。若企业将所有资源全部集中在一个或几个特定子市场上,一旦消费者偏好发生转变,或是出现强大的竞争对手和更具竞争力的替代产品,都可能让企业陷入困境。

2.2.2.3 影响绿色消费品市场选择的因素

（1）企业资源、实力和长远目标　一般情况下,资源雄厚的绿色消费品企业,如果具备领先同行业的先进技术工艺、大规模的生产能力、广泛的分销渠道、高素质的研发技术人员和经营管理人员等条件,可以选择范围较大的目标市场或者对绿色技术要求较高的目标市场作为服务对象。而对于实力较弱的中小绿色消费品企业来说,则适合集中手头有限的资源,或是选择大企业尚未进入的绿色消费品市场,或是创新一两种绿色产品,争取赢得一席之地。

（2）产品本身特点　对绿色消费品来说健康安全、节能降耗、绿色环保是其共同特性,但对于不同的绿色消费品,消费者的需求也截然不同,哪怕是同一种绿色消费品,不同的消费者也有不同的消费障碍。以绿色食品为例,纯天然、很少使用化学农药、不含有毒有害化学成分、不使用基因工程技术是所有绿色食品的共性,同类产品差别较小,消费者需求也大致相同。即便如此,不同的目标市场对同一种绿色食品的要求存在差异,这些差异体现在同一种绿色食品的价格、服务等方面。例如同一品牌的有机大米,有的卖12元/千克,有的卖16元/千克,还有的卖33元/千克。

（3）消费者和中间商的认同　认知是消费和经营的前提。尽管绿色消费品的环保、创新等特性让它与普通同类商品有着本质区别,但倘若消费者对此一无所知,或一知半解,不知道绿色消费品能够给自身和社会带来的切实好处,那么这种认知障碍就会成为阻碍消费者绿色消费的关键因素。

首先,受传统消费观的惯性影响,很多消费者在选择和购买商品时,先考虑的是商品的价格和购买的便利性,然后才考虑商品对身体健康的影响,至于商品在生产和使用过程中是否会对环境产生不良影响很少被纳入考虑范围。

其次,消费者的绿色消费意识有待提高、对绿色产品判断不太准确等,绿色消费知识有待普及使我国绿色消费处于起始阶段。以绿色食品为例,很大一部分农村消费者都认为自己农田里种的粮食就是纯天然绿色食品,超市卖的绿色食品不仅价格高,购买不方便,绿色程度也不及自己种植的粮食。导致消费者产生这一认知的根本原因还是他们不了解绿色消费的意义,不明白什么是真正的绿色产品。

最后,绿色消费群体的局限性较大,主要集中在城市年轻群体。一个以重庆市南岸区高校大学生为样本的绿色消费意识和行为的调查显示,大学生的受教育水平较高,对于绿色消费普遍有一定了解,但认知程度大有不同。45.24%的学生对绿色消费有一般性了解,14.29%的学生不太了解,还有28.57%的学生很少了解,只有11.9%很了解。而对于绿色消费的具体内涵,63.2%的人认为产品健康就是绿色产品,21.5%的被调查者则认为环保的就是绿色产品,而剩余的则对绿色产品无意识。并且,关于绿色消费的知识,92.86%的学生通过电视和网络获得,而电视与网络上的介绍普遍比较浅显,更多的是为了达到商业宣传的目的。因此,对于绿色消费的含义,绝大部分的被调查对象只能笼统地提到健康与环保,但缺乏具体说明。

此外,许多经销商由于缺乏对绿色产品的认知,只注意到绿色产品的价格高于普通产品价格，从规避风险的角度考虑不愿意经销绿色产品，这也给绿色产品的推广带来了难度。

因此，大部分消费者和经销商对于绿色产品的不认同是发展绿色市场必须解决的问题。要让他们知道并认同绿色产品，需要一个过程。毫无疑问，绿色产品生产企业在其中扮演着重要角色。绿色产品生产企业通过有效的市场宣传和周到的服务，来体现绿色产品的价值；通过建立与消费者沟通的便捷渠道，让消费者参与体验从而展开对消费者的绿色消费观念的普及。同时，政府有关部门也在利用各种宣传媒体，积极传播普及环保知识和绿色消费知识，引导我国消费者树立绿色消费观和价值观。

（4）竞争对手的具体情况　对企业来说，最好的市场是没有竞争对手的空白市场。企业为了在激烈的市场竞争中脱颖而出，赢得消费者青睐，必然会增加营销投入，提高企业营销战略实施的难度，降低企业利润率，加大企业的投资风险。因此，如果一个细分子市场已有很多竞争者，该市场对企业的吸引力就会大大降低。所以说，企业特别是中小企业在选择目标市场时，必须找到恰当的变量进行市场细分，从中选出被遗漏或忽视的目标市场，集中企业优势资源，满足消费者需求，从而赢得先发优势。

（5）是否能为企业带来足够的利润　利润是企业必须追求的目标。没有一定的利润作支撑，企业就连生存和发展都成问题，更不用说肩负社会责任和环境保护责任，研发绿色产品了。因此，企业在分析和评估各目标子市场时，利润是衡量企业是否进入该目标市场的重要指标。目标市场一旦选择失败，会给企业带来巨大影响，有时甚至是毁灭性打击。此外，企业在以利润为指标选择目标市场的同时，目标市场的成长潜力也是一个不可忽略的因素。

2.3　定位绿色市场

Pampero 番茄酱：小定位成就大品牌

Pampero（帕姆佩罗）番茄酱是委内瑞拉的一个大品牌，做得非常成功，也是委内瑞拉重要的经济支柱。然而，随着国家市场的对外开放，亨氏、德尔蒙等世界级番茄酱品牌陆续进入委内瑞拉，很快将 Pampero 推离了第一的位置。

一直以来，Pampero 公司都是以"更红"或"更好"的特征来宣传自己的番茄酱。而此时，为了捍卫本土市场，避免遭到这些大品牌的颠覆，Pampero 公司必须找到一个可以超越其他品牌的概念。通过与亨氏、德尔蒙这些国际大品牌产品的对比，Pampero 公司发现自己的番茄酱颜色与这些大品牌的不太相同，经过对加工过程的调查，他们了解到这是各品牌制作方法不同产生的。那些大品牌都是在自动处理生产线上直接把番茄砸碎做成酱，而 Pampero 公司在搅碎之前，则要把番茄逐个进行人工去皮。Pampero 能做到把番茄逐个进行人工去皮，主要是得益于发展中国家人力成本方面的优势。但这种优势并不可靠，因为跨国公司同样可以在发展中国家设厂，甚至不用设厂而通过寻找和扶持当地的代理工厂，来达到同样的低成本制造。

其实，Pampero 早就打算引进不去皮的自动化生产流程，以使企业告别传统的生产方式。而此时,他们了解到去除了番茄皮制作的酱在口味和颜色上更具优势。因此,Pampero公司放下了正在进行中的现代化计划,选择了坚持自己的特色——纯手工去皮。当然,仅仅只有这样一个理念还是远远不够的,Pampero公司最重要的工作是寻找一个有效的支撑点,让消费者亲自感受并认同这种用原始方法制作的番茄酱。

为此,Pampero公司制定了一套传播方案,并发展出一个耐人寻味的品牌故事:为了制作出高级的番茄酱,Pampero采用精心挑选的番茄为原料,并逐个手工去皮,运用这种传统的纯手工工艺(而不是用冷冰冰的机器),制作出高级的番茄酱——Pampero!消费者可以从Pampero番茄酱与众不同的颜色与口味中,发现它与众不同的价值。

正是这种独特制作方法的定位,以"更加干净卫生,色泽更明丽,口感也更鲜美"为支撑点,使Pampero以高级番茄酱的姿态成功地阻击了亨氏、德尔蒙这些国际大品牌在委内瑞拉的扩张,重返自己在国内"老大"的地位。

不少网络营销专家认为,Pampero番茄酱之所以能重返委内瑞拉国内第一,最重要的一点就是公司对产品进行了独特的定位。独特定位,顾名思义就是以产品在制作工艺或工序上的独特之处,作为品牌定位以及营销、宣传的重点,使之与同类产品形成区别,达到抢占市场的目的。

从这个案例我们可以看到,Pampero通过对自产番茄酱口味形成原因的探索,找到了一个有效的营销切入点。其实寻找独特定位的过程,有时就是那么简单,简单到你都想不到它可以成为一个定位的切入点。因为越是显而易见的东西,人们就越容易记住,常常也越具有定位效力。

2.3.1　绿色市场定位的含义

绿色市场定位,是企业确定自己的绿色产品或服务在市场上的销售或服务对象后,针对目标消费者的特征进行营销设计,将企业及产品的绿色特性传递给目标消费者,让他们明显认识到该企业及其产品的绿色环保特性,清楚感觉到绿色企业和绿色产品与传统企业和产品的差别,从而在消费者心中占据特殊位置,一旦消费者产生相关的绿色需求时,便会首先考虑并选择定位该品牌。

英国NOP咨询机构通过对62家制造公司进行调查认为新产品成功的关键在于产品有独特的市场定位。美国人约翰·麦基看到杀虫剂和化学添加剂在食品生产过程中的大量应用,让他产生了对健康安全的绿色食品的强烈需求,从而创办了以销售有机天然绿色食品为主的全食连锁超市。麦基称"利润不是最优先考虑的",公司真正关注的是"健康的食品,生机勃勃的星球",公司定位是"专卖绿色和有机食品的超市,不含转基因和防腐剂"。

接下来,我们将继续以绿色消费品为例对绿色市场定位的步骤和方法进行介绍。

2.3.2　绿色消费品市场定位的步骤

2.3.2.1　确认企业的潜在竞争优势

现代营销学之父菲力普·科特勒说:"在营销操作展开之前,有一个最为关键的步骤是为品牌定位。"定位,是存在于营销管理4P(产品Product;价格Price;渠道Place;促销Promotion)要素之前的环节,影响着所有的后续步骤。

随着产品同质化现象日益严重,市场竞争越演越烈,越来越多的企业意识到差异化营销战略的重要性。只有产品与众不同，具有特立独行的差异化形象，消费者才会在眼花缭乱的众多品牌和产品中牢牢记住企业和产品，进而购买产品。因此，对绿色企业和绿色产品来说，定位就是要挖掘企业、品牌或产品中的潜在优势，哪怕只有1%的优势，也要把它提炼、宣传、放大，努力使它在消费者心中留下深刻印象，最终赢得市场份额，占领市场的制高点。

曾经红极一时的"野莲汁""野藕汁"之所以在很短的时间内，在竞争异常激烈的饮品市场中获取一席之地，其精准的市场定位是成功的关键要素。客观来说，野莲汁和野藕汁无论是口味、功效、价格，还是产品的上市时间，都没有非常突出的优势，但企业将"天然绿色食品"作为产品的主要诉求点，用一个"野"字凸显产品定位，即莲汁和藕汁都是天然无污染的绿色食品，激起了消费者的购买欲望。而同样以绿色食品为卖点的沙棘汁却未达到这样的效果。企业将产品定位在多功能上，强调产品富含多种维生素和矿物质具有日常保健功能，这样试图展现产品方方面面的优势的做法，反而容易让产品失去了自身特色。

美国人弗雷德·克劳福德和瑞安·马修斯通过对世界著名企业的研究，总结出他们成功的五个共同特征：产品稳定、价格诚实、购买便利易接近、独特体验和践行服务承诺。调查结果显示：最出色的公司也只是在五个属性中的一个上有绝对优势，在另一个上保持领先，而在其他三个属性上保持平均水平。因此，企业真正要做的就是选择把哪一个属性做得最出色，把哪一个属性做得优秀，而把其余三个属性做成平均水平。这个过程也就是市场定位的过程。

依云：依托贵族品质，定位高端市场

依云（Evian），是法国达能（Danone）旗下有着200多年历史的法国矿泉水品牌。在世界瓶装水市场，依云是响当当的贵族品牌，以2欧元或20元左右人民币的售价销售，如此不菲的价格却取得世界瓶装水市场11%的份额，占据中国高端矿泉水25%左右的市场份额。

达能对依云水的准确定位是其成功的重要基础。品牌强调每一滴依云水都是经大自然用十五年的时间过滤和矿化而成，这是任何现代化快生产的饮料企业所不能企及的，大自然所赋予的尊贵加上依云水的传奇故事，成为依云水贵族血统的最好注脚。此外，依云水的矿物质成分以及在1878年得到法国医药研究会权威认证的医疗效果，更进一步强化了其神奇色彩。基于自身的贵族品质，依云将自己定位为健康纯净的高档矿泉水，并将其当作奢侈品来经营。

正如依云品牌所宣称："依云不仅仅是一瓶水，它首先是一种概念，一种生活方式。"这些是经营者赋予实物产品的情感、文化、价值及观念。

2.3.2.2 选择企业的相对竞争优势

我们在前面分析了企业自身的潜在竞争优势，但在市场竞争激烈和多样化的今天，仅仅了解企业本身是远远不够的，充分关注和研究竞争对手同样重要。相对竞争优势就是企业胜过竞争对手的现实和潜在能力，而准确选择企业的相对竞争优势就是企业与竞争对手比较的过程。比较的指标应是一个完整的体系，以绿色食品企业为例，企业可以通过以下八个方面了解和认知竞争对手，进而与竞争对手进行优劣势比较。

（1）产地方面　对于绿色食品来说，产地的竞争优势非常明显，许多绿色食品之所以受到人们的青睐，源于独特的自然环境有益于绿色食品的种植和生产。例如烟台的苹果、青海的虫草、雷波的脐橙、章丘的大葱等。

（2）品种方面　品种在绿色食品生产中是非常重要的，好的品种对绿色食品企业而言可以说是一种先天优势，许多绿色食品来源于多年精心培育的优良品种。如金陵黑鸡是天然黑色药用滋补珍禽，其滋补和药用功能为乌鸡之最，是我国宝贵的独有品种资源，具有很高的推广价值。类似的还包括紫红薯、黑花生、红土豆等。

（3）生产加工技术方面　企业独有的生产加工技术以及科研人员的新产品研发水平都可以成为企业的竞争优势。

（4）领导者方面　绿色食品的企业家是否具有绿色价值观，是否愿意承担企业社会责任，企业管理团队的见识、领导能力、决策水平、计划能力、组织能力、沟通能力等是否达到优秀水平。

（5）经营管理方面　企业是否将环境责任纳入了发展战略中，是否有严格的节能减排、污染控制、废弃物管理等经营管理机制，是否进行了绿色食品认证并获得了中国绿色食品发展中心颁发的绿色食品标志。

（6）采购方面　是否建立了绿色采购制度，采购是否达到绿色食品标准。

（7）市场营销方面　企业是否定期进行市场调研，并及时调整营销策略以满足顾客需求的变化；企业是否制定有针对性的绿色营销组合策略，形成差异化的竞争优势。

（8）财务方面　企业是否有稳定的资金来源，资金成本、支付能力、现金流量及财务制度与财务人员素质等是否达到优秀水平。

绿色食品企业通过对上述指标体系的分析与比较，可挑选出最适合本企业的竞争优势。

2.3.2.3　大力传播企业的市场定位

对于绿色消费品生产企业来说，首先要精准定位，其次要通过各种传播手段不断强化这一定位。这样，才能被消费者牢记，让他们在产生需求时首先想到进而购买该企业的产品或服务。

百亿鲁花成功之源

鲁花集团的前身是一个乡镇物资站，其用短短三十余年，发展成为中国食用油三大品牌之一，横跨食用油、调味品、蔬菜加工等多个行业。到 2015 年，该集团形成了覆盖全国的市场营销网络。

20 世纪 80 年代，老百姓要么吃小作坊生产的土榨油，要么吃浸出法生产的油。这两种油或存在生产工艺简陋、卫生条件差的问题；或存在营养被破坏、溶剂残留的问题，均不利于人体健康。面对这种情况，鲁花集团依托山东这一全国优质花生产地的地理优势，将花生油作为自己的目标市场，经过 6 年的科技攻关，独创了"5S 纯物理压榨工艺"。工艺保存了成品食用油中的天然营养成分，彻底去除了油品中的黄曲霉素。

鲁花的成功，就在于首先找到了自己的潜在优势，把自己定位于专业的花生油制造商，并在此基础上独创了"5S 纯物理压榨工艺"，把产品定位为"纯正花生油"。然后选择中央电视台作为传播平台，反复向消费者传播这一定位。鲁花的"手搿花生"电视广告从投放以来持续近十年保持不变。多年来，鲁花花生油的广告已在消费者脑海中产生了"花生油就是鲁花，鲁花就是花生油"的深刻印象，获得了定位上的竞争优势，最终成为花生油细分市场的代表品牌。

2.3.3 绿色消费品市场定位的方法

优秀绿色消费品企业的潜在竞争优势很多，企业可以选择用来作为定位的因素也很多。具体来说，企业在营销实践中，可以选择的定位方法有以下几种。

2.3.3.1 产地定位

很多绿色消费品的热销是与产地密不可分的，甚至可以说，产地就是吸引消费者踊跃购买的主要原因之一。因此，企业完全可以从产地入手，给自己的绿色消费品进行定位。以有机茶为例，许多知名品牌的定位与产地紧密相关，例如安溪铁观音、武夷山大红袍、峨眉山竹叶青、下关普洱、六安瓜片等。

2.3.3.2 产品特性定位

产品特性就是从高度同质化的产品或服务中找出自身产品的独特之处，并通过恰当的传播，在消费者心中占据有利的位置。绿色消费品兼有一般消费品的功效和作用，相较于一般消费品，其最显著的特性就在于"绿色"。"绿色"涵盖了产品从选材、生产、加工、包装、储运，一直到消费的全过程。因此，对于绿色消费品来说，企业不应该贪大求全，意图把产品的众多特征全部表现出来，而应该下大力气，将产品特性定位与"绿色"紧密联系，让消费者明确知道产品的绿色构成、产品的绿色属性、对社会和环境的帮助等，以迎合消费者的绿色需求。

2.3.3.3 功能/利益定位

在营销实践中，无论一个产品多有价值，如果不能让消费者知晓和认同，那么这些价值并不能转换为效益。因此，对绿色消费品生产企业来说，不要只告诉消费者绿色产品的特性，还要明确告知他们产品的功效。这个功效就是产品能带给消费者的好处。例如现在大热的有机护肤品，有机植物成分含量达 95% 以上，安全、健康是其产品特性。而让有机护肤品受到消费者青睐的真正原因，是能够通过这些有机植物成分，提升皮肤的天然防护功能，促进皮肤修护，从而让肌肤保持好的天然状态。因此，企业完全可以从功能/利益方面入手进行市场定位。

2.3.3.4 初次/重新定位

初次定位适合下列情况：新成立的企业初入绿色市场；企业新的绿色产品投入市场；绿色产品进入新市场。企业在进入上述目标市场时，竞争对手很可能在市场上已有一席之地，并形成了一定的市场格局。这时，企业要认真研究自身产品的优势，并结合企业自身的实力，或者选择和竞争对手迎头对峙，或者选择避开强大的竞争对手寻找空白市场定位，在市场上找到自己的位置。需要注意的是，初次定位应该是企业深思熟虑的结果，力求一炮打响，因此必须小心谨慎。

初次定位以后，如果企业面对内外部环境的较大变化，例如消费者偏好的改变、原有的竞争格局的变化等，让企业不能达到原定营销目标，这时企业就应该考虑重新定位。重新定位同样要遵循完整严格的分析和评估，明确企业的潜在优势，重新选择具有竞争优势的定位，赢得市场竞争的主动权。

营销训练

知识要点训练

1. 绿色市场的内涵、分类及特征是什么？
2. 请简述绿色市场定位的方法。

绿色营销思维训练

1. 凯力特公司能在低价竞争普遍的当下建筑行业中脱颖而出，是否运用了绿色营销思维？它是如何运用的？请具体分析。
2. 结合某一绿色产品谈谈绿色营销战略的步骤。

职业素养训练活动：你来比划我来猜

1. 活动规则

① 以小组为单位，一人负责猜词语，其他组员负责比划，可以用手势做出动作，或者用其他句子形容。

② 负责比划的人不能说出包含所猜词语中的任何一个字，谐音、拼音、英文都不可以。

③ 任选一组，共十个词语，一分钟猜对词语数量最多的组获胜，最多只能跳过三个词语。

④ 在猜词语过程中，参与活动的其他人不得提醒。

2. 训练目的

① 培养学生的有效表达能力。

② 培养学生的洞察力。

③ 培养学生的团队协作能力。

情景化训练

1. 绿色企业向消费者推销绿色产品时需要运用市场细分，找一个基于该变量细分市场的广告的例子，确定每一则广告的目标市场，并解释为什么认为该绿色企业运用了此细分变量。

2. 组成小组，用绿色营销思维，为一个真实的产品构思绿色创意。用本章提供的形式，确定该产品的定位，指出该绿色产品与现有其他产品相比有什么竞争优势。

第3章

以绿色价值为导向的产品策略

营销智慧

营销与创新创造绩效，其他的均属成本。

——彼得·德克鲁

学习目标

1. 了解绿色产品的全生命周期。
2. 了解绿色设计的内涵和外延。
3. 了解清洁生产。
4. 掌握绿色包装策略。
5. 了解绿色回收体系。

能力目标

1. 培养评价绿色产品的能力。
2. 培养产品创新能力。
3. 培养绿色回收意识。

课件资源

知识结构导图

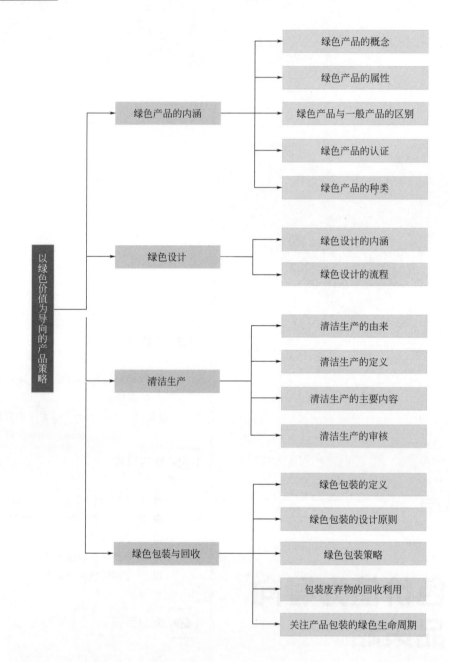

Apple的环境责任：只影响世界，不影响地球

作为科技业的一大王牌公司，一直以来，Apple（苹果）公司通过不断创新来应对全球挑战，并获得成功。鉴于今天人类所面临的气候变化、环境污染等威胁，Apple认为创造风靡全球的产品，不能以耗尽地球资源为代价。因此，Apple通过在气候变化、资源、化学工艺三个互通的关键领域中投入关注和创新，达成"要动手生产，但不再向地球伸手"的社会使命。这个范围涵盖了Apple产品的整个生命周期，以及Apple公司全部自有的场所设施。

气候变化

2015年，因碳排放量达到峰值，Apple公司受到业界批评。此后，Apple开始重点关注能效和创新低碳设计，并且促使供应商使用清洁能源制造Apple产品。此外，Apple还致力于转向使用回收或可再生材料生产关键部件，从而减少产品的碳足迹。截至2019年，尽管产品销量持续增长，Apple公司的碳排放相较于2015年却减少了75%。具体来说，Apple通过以下五项措施达到控制碳排放的目的。

低碳设计：Apple以降低碳排放为宗旨来设计产品及制造流程。

能源效率：Apple在公司场所设施和供应链中提高效能。

可再生电力：Apple所有公司场所设施均100%使用可再生电力，并推动整个制造供应链转用100%清洁可再生电力。

直接减排：Apple通过技术解决方案或改用非化石类低碳燃料，避免温室气体直接排放。

碳清除：Apple将碳清除与减排措施并行，扩大对碳清除项目的投资，包括能够保护和恢复全球生态系统的自然解决方案。

为了进一步深入了解公司的碳足迹，便于采取更为有效的措施消除它，Apple公司还建立了极为全面的碳足迹模型，督促自己对整个价值链的碳排放负起责任。

资源

在资源方面，Apple致力于以负责任的方式采购生产原料，只使用回收利用或可再生材料来制造产品和包装，并最大限度地减少制造过程中的用水量和产生的废弃物。为此，Apple专注于三个影响重大的领域。

材料：Apple的产品和包装逐步过渡到只使用循环利用或可再生材料，并最大限度地提高材料利用率、延长产品使用寿命和提高回收率。如图3-1所示。

水资源管理：Apple通过提高用水效率、采用替代水源等措施，减少淡水用量、节约淡水资源。同时，因为水是一种大家共享的资源，所以Apple公司不只是考虑自身的直接业务需求，还努力兼顾其工作所在的社区，积极爱护当地的淡水资源。

废弃物零填埋：关于废弃物处理，Apple不仅着眼于公司产品，而且全面关注制造工厂、办公室、数据中心和零售店所使用的各种物品，从咖啡杯到出货栈板，

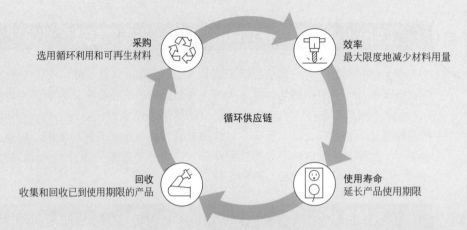

图 3-1　Apple 定义的"循环供应链"

不一而足。在考虑循环利用这些物品时，Apple 努力探索重复使用和回收利用的各种方法，以便更好地服务于废弃物零填埋这一终极目标。

更高明的化学工艺

只有更安全的材料才能成就更安全的产品和更美好的世界。Apple 不仅从产品中剔除有害化学物质，也将此项工作扩展至产品设计、生产、使用和回收流程中，以确保 Apple 产品对于制造者、使用者及回收者来说，都是安全的。

追踪与参与：Apple 定期与供应链合作伙伴进行接洽，确保他们理解并支持公司更安全的化学工艺这项承诺。同时，敦促供应链合作伙伴为 Apple 产品所用材料中的各种化学品创建全面详尽的清单。

评估：为了确保产品的安全性，Apple 对产品中的各种化学物质进行测试，了解它们的浓度，衡量其是否符合 RSS 标准，评估它们可能带来的健康和环境风险。针对那些可能会长时间与皮肤接触的材料，Apple 还会最后增加一个步骤，请毒理学家审核其化学成分。只有通过以上这些审查程序的材料，才可用于制造产品。

创新：对材料中化学成分进行鉴定和评估为 Apple 提供有用信息后，公司将通过各种创新技术，从产品中剔除有害化学物质，或寻找更安全的替代品，不断超越标准要求。

企业项目导入解读

科技公司的发展往往伴随着高污染、高耗能和高排放，给社会及生态环境带来巨大威胁。在此背景下，作为一家超级大公司，苹果公司不可避免要肩负起更多社会责任。苹果公司从产品出发，对产品的整个生命周期负责（包括产品的制造材料、组装人员以及在产品生命周期结束时的回收利用等），通过减少产品对气候变化的影响、保护重要资源、使用更安全的材料等，在如何承担社会责任方面交出了一份令人满意的答卷。

绿色产品是绿色营销的基础。没有绿色实体产品，绿色营销就成了无源之水、无本之木。本章将从产品环境属性的全生命周期分析出发，阐述绿色产品从设计、原材料采购、清洁生产、绿色包装、回收再利用的全部过程及企业应采取的相应的绿色营销策略。

本章知识要点

3.1　绿色产品的内涵

德国·绿色产品奖

绿色产品奖（Green Product Award）是德国颁发给企业和设计师们的一项针对绿色产品创意设计的奖项，这也是国际创意和可持续设计产品与概念竞赛的奖项，该竞赛每年定期于德国举行。自2013年创办以来，"绿色产品奖"旨在表彰已经投放市场的可持续创新产品和服务，并为参与者提供一个交流平台。

该奖项分为不同类别，包括以下几个。

1. 体育：瑜伽垫、潜水面罩和跑步装备中有哪些面料？在什么条件下制作球、跑鞋、滑板或高尔夫球杆？自行车、羽毛球拍和独木舟在哪里生产？俱乐部或学校的运动器材是否根据可持续发展的理念进行选择？该奖项旨在寻找可持续体育用品的解决方案、概念和设计，为上述问题提供答案。

2. 室内和生活方式：人类生存的内部环境不仅影响身体健康，还影响心情和幸福感。该奖项旨在提供更为舒适健康的居住空间，努力寻求环保、节能、可维修的家具，固定装置和家用电器、灯具、配件、油漆等的解决方案和概念。

3. 建筑构件：这个类别仅适用于地板、墙壁、保温、外墙或屋顶系统，浴室和厨房，供应技术（卫生、通风、供暖和能源）以及产品和服务级别的楼宇自动化系统。

4. 建筑：在这一类别中，寻求可持续、模块化甚至可能是临时的建筑物的解决方案和概念。

5. 消费品：快速消费品影响人们的日常生活。它们中的许多在日常使用中被大量消耗并给我们的健康和环境带来危害，尤其是包装。因此，该奖项旨在寻找清洁产品，且尽可能是本地制造的产品，以将消费者的购买行为转变为合乎道德、环保的行为。

6. 办公室：创建鼓舞人心的工作环境是一项挑战，尤其是在涉及新的工作形式时。因此，该类别包括用于规划可持续工作环境的服务。当然，在规划工作环境时，必须使用环保材料并推荐使用节能设备，避免对环境造成负面影响。

7. 工艺：该奖项旨在寻找工艺中最具创新性、可持续性的解决方案和概念，以及使工艺更具可持续性的解决方案和概念。

8. 时尚：服装是我们的第二皮肤。在这个类别中，需要找到可持续的开创性设计，并开发新的工艺、材料、染色技术和使用概念。此外，还需考虑生产地的选择，以及维修和回收它们的能力。

9. 用料：地球的原材料储备正在减少，而碳排放量和温室气体却一直不断增加，从循环经济的角度讲，资源的使用和保护已成为当务之急。人类正在扩展材料和原型数据库，并期待新的材料应用。

3.1.1 绿色产品的概念

绿色产品是一个相对的概念。20世纪70年代初，美国有关环境污染的法规中首次出现"绿色产品"一词。对于绿色产品，不同国家的学者从不同角度出发提出了各自的见解，但至今还未形成统一权威的定义。常见的有关绿色产品的概念及内涵如表3-1所示。

表3-1 不同国家学者提出的绿色产品的概念

学者/机构	概念及内涵
Grave(1992年)	绿色产品是通过减少使用生产材料的方式生产的产品，其核心思想是减量、重复利用和可回收
商巍、林淑辉(1999年)	绿色产品指的是从生产到使用和处理的过程中均不会对外在环境和人体健康造成危害，并且有利于保护资源的产品
The Commission of the European Communities(2001年)	绿色产品即资源节约型，能够有效减少浪费，对环境影响很小的产品
姜曙光(2003年)	绿色产品是除一般功能外，还具有保护资源、环境和人体健康功能的产品
Gurau&Ranchho(2005年)	绿色产品是使用权威机构认证的无毒、无污染的原材料进行生产的，且加工过程中对环境不造成污染的产品
Mostaf(2007年)	绿色产品是不会对环境造成危害或潜在危害，能够被回收再利用或被微生物分解，不会造成能源浪费的产品
孙剑等(2010年)	绿色产品是在生产、流通和消费的过程中对人或其他生物不会造成危害，是低能耗、环保、节约资源的产品
黎建新等(2014年)	绿色产品，是指在社会上得到公认的或消费者可以主观感知具有节约、有益环境和健康的产品
高道军等(2016年)	绿色产品是指具有节能、低污染、低毒、可再生、可回收等特征的产品。它的信息是指消费者获取的关于产品有益健康、利于环保和节约资源的信息及消费者具有的绿色产品知识

上述绿色产品的概念虽然描述的侧重点不同，但多是从环保性、资源节约与再利用角度提出的。从产品整体性角度出发，《中国21世纪议程》指出对人体和环境无害的绿色产品的生产将随着可持续发展进程的深入而日益成为今后产品生产的主导方向。绿色产品就是在产品生命周期全过程中，符合环境保护要求，对生态环境无害或危害极小，能源和资源利用率高，有利于资源再生和循环利用的环境友好产品。

3.1.2 绿色产品的属性

根据绿色产品的概念，我们可以发现绿色产品应具有以下属性。

3.1.2.1 基本属性

基本属性是指绿色产品应具备传统产品的一切属性,即产品的功能、质量等。用户友好性指顾客个性化需求的满足等属性,这是绿色产品得以生存和发展的必要条件。

3.1.2.2 经济性

经济性包括消费者、企业、社会三个方面的内容。绿色产品要力争在满足各种功能、使用性能等的前提下,使生产成本最小化,使企业能够在激烈的竞争中获得竞争优势,又要让消费者买得起、用得起,同时还必须考虑产品与文化、道德、伦理、社会等之间的联系,实现经济效益、用户效益和环境社会效益的良好统一。

3.1.2.3 技术性

技术性包括最大限度地利用资源和最大限度地节约能源。绿色产品应尽量减少材料使用量,减少使用材料的种类,特别是稀有昂贵材料及有毒、有害材料。这就要求设计产品时,在满足产品基本功能的条件下,尽量简化产品结构,合理使用材料,并使产品中零件材料能最大限度地再利用。绿色产品在其生命周期的各个环节所消耗的能源应最少。

3.1.2.4 绿色性

绿色性也称为环境友好性,即产品从生产到使用乃至废弃、回收处理的各个环节都对环境无害或危害甚小。这就要求企业在生产过程中选用清洁的原料、清洁的工艺,生产出清洁的产品。用户在使用产品时不产生环境污染或只有微小污染,报废产品在回收处理过程中产生的废弃物很少。

3.1.3 绿色产品与一般产品的区别

绿色产品与一般产品的区别主要体现在以下三方面。

3.1.3.1 绿色产品的集成特性

绿色产品的集成特性主要体现在目标集成、问题集成和要素集成三方面。

(1) 绿色产品的目标集成性　一般产品的运营目标是为了实现企业利益的最大化,而绿色产品的运营目标既要实现企业利益的最大化,又要使产品同环境相容,还要达到使社会福利增加的目的,可以说绿色产品具有多重目标集成的特性。

(2) 绿色产品的问题集成性　要实现上述绿色产品的众多目标,就要求绿色产品在生命周期中解决一系列关键问题。这些问题主要包括绿色产品的设计、绿色材料的选择、绿色制造、绿色包装、绿色处理、回收重复利用等。而一般产品在设计、制造、停止使用等阶段无需考虑这些问题,这就体现了绿色产品的问题集中特性。

(3) 绿色产品的要素集成性　一般产品的生产要素主要包括资源、材料等实现产品基本功能的传统要素,而绿色产品不仅需要包括这些传统要素,还需包括信息、知识、价值观、道德伦理等其他要素。这些要素的集成有助于企业实现绿色产品的运营目标。因此,我们说绿色产品具有要素集成的特性。

3.1.3.2 绿色产品是环境友好型产品

环境友好型产品是指从生产到使用乃至废弃、回收处理的各个环节都对环境无害或危害甚小的产品。它主要体现在三个方面。

① 企业在生产绿色产品的过程中，选用清洁的原料，采用清洁的工艺，生产出清洁的产品。

② 用户在使用产品时，不产生环境污染或只有微小污染。

③ 报废产品在回收处理过程中产生的废弃物很少。

3.1.3.3 绿色产品具有多生命周期特性

普通产品的生命周期是指本代产品从设计、制造、装配、包装、运输、使用到报废为止所经历的全部时间，即是从"摇篮到坟墓"的所有阶段。必须强调的是，普通产品的生命周期在产品报废或停止时就结束了，不能实现循环利用。绿色产品的生命周期不但包括本代产品生命周期的全部时间，还包括报废或停止使用以后各代产品中的循环使用或循环利用的时间。可以说绿色产品更强调从产品的整个生命周期考虑问题，最终实现产品的绿色特性、资源特性、能源特性和经济特性。因此，与传统产品相比，绿色产品具有多生命周期的特性。

3.1.4 绿色产品的认证——环境标志

环境标志又称绿色标志、生态标志、环保标志，是一种产品的证明性商标。它受法律保护，是经过严格检查、检测、综合评定，并经国家专门委员会批准使用的标志。

根据 ISO 对环境标志的定义：环境标志和声明是出现在产品或包装标签上，或在产品文字资料、技术公告、广告或出版物等中的说明或符号。目前市场上出现各种绿色标识都属于环境标志和声明的范畴。根据 ISO 对不同环境标志的分类，环境标志应分为环境标志型（Ⅰ型）、自我环境声明型（Ⅱ型）、环境产品声明型（Ⅲ型）。Ⅰ型环境标志的特点是有第三方的参与，如我们常见的十环标识、绿色食品、有机食品等，Ⅱ型环境标志的主体应该是企业，常见的是某个企业宣称自己产品如何环保，例如"无氟"产品；Ⅲ型环境标志是基于全生命周期评价基础上的环境声明，声明的是产品对于全球环境产生的影响。我国目前并无全面开展Ⅲ型环境标志的基础条件，所以目前市场所见到环境标志只有两类，一种是由第三方颁发的，一种是企业自己声明的。

3.1.4.1 环境标志的作用

环境标志相当于绿色产品的身份证。一旦通过了环境标志认证，企业产品就是名副其实的绿色产品。环境标志对提高消费者的绿色消费意识，推动政府绿色采购工作，扩大绿色消费和生产，鼓励企业实行绿色营销，打破绿色贸易壁垒，赢得国际市场差异化竞争优势，促进节能减排与生态环境保护均具有重要意义。因而环境标志一出现就显示了其强大的生命力，众多企业纷纷下大力气争取绿色标志产品认证。调查显示，大部分的消费者愿意为环境清洁接受较高的价格，其中的多数人愿意选择和购买带有环境标志的产品，把是否有环境标志作为产品选择的重要依据。德国环境数据服务公司公布了名为《环境标志，在绿色欧洲的产品管理》的研究报告，指出环境标志培养了消费者的环境意识，强化了消费者对环境友好产品的选择。

3.1.4.2 世界环境标志的发展

环境标志起源于20世纪70年代末的欧洲。1978年,德国率先使用环境标志——蓝色天使标志。1988年,加拿大、日本、美国等国家开始实行环境标志。1989年,丹麦、芬兰、冰岛、挪威、瑞典等北欧国家开始实行统一的北欧环境标志。1991年,法国、瑞士、芬兰、澳大利亚等国开始实行环境标志。亚洲一些国家如新加坡、马来西亚、韩国,也已开展了环境标志工作。到目前为止,德国环境标志产品至少已达7500多种,占其全国产品的30%,日本环境标志产品已有2500多种,加拿大有800多种。

目前,全球已经有20多个发达国家、10多个发展中国家和地区实施了产品环境认证制度,而且这一数目还在不断增加。表3-2列举了目前全球主要的环境标志和开始实施时间。不过需要指出的是,由于当前各地环境认证所采用的环境认证技术标准不同,因此环境标志产品在国际上的互认还存在一定的困难。环境标志产品的互认是当前和今后国际贸易需要解决的一个问题。

表3-2彩图示意

表 3-2　全球主要环境标志

国家/地区	标志图案	环境标志名称	起始时间/年
德国		蓝色天使 (Blue Angel)	1978
加拿大		环境选择 (Environmental Choice)	1988
北欧五国		北欧天鹅 (Nordic Swan)	1989
日本		生态标志 (Eco-Mark)	1989
新西兰		环境选择 (Environmental Choice NZ)	1991
澳大利亚		环境选择 (Environmental Choice)	1991

续表

国家/地区	标志图案	环境标志名称	起始时间/年
欧盟		欧盟之花 （EU Flower）	1992
中国台湾		环保徽章 （Green Mark）	1992
韩国		韩国环境标志 （Korea Eco-Label）	1994
中国香港		香港绿色标志 （HK Green Label）	2000

3.1.4.3 我国大陆的环境标志

我国大陆绿色产品环境标志认证制度开始于 20 世纪 80 年代末。1989 年，中国农业部开始实行绿色食品标志制度。1993 年 3 月，国家环保局发布《关于在我国开展环境标志工作的通知》，确立中国环境标志的宗旨：倡导可持续消费，引领绿色潮流；跨越包括欧盟在内的发达国家设置的绿色壁垒；鼓励企业选择环境标志，提升自身竞争力。1994 年国家环保总局、国家质检总局等多个部委的代表和知名专家组成中国环境标志产品认证委员会，并公布了中国环境标志。2006 年，财政部和国家环保总局联合颁布《关于环境标志产品政府采购实施的意见》，规定政府优先采购环保清单中的环境标志产品，此后不断扩大环境标志产品政府采购范围，几乎每年都会更新"环境标志产品政府采购清单"。到 2010 年 8 月，中国环境标志已经围绕环境履约、可再生回收利用、改善区域环境质量、改善居室环境质量、保护人体健康和节约能源资源等六大类产品开展了认证工作。生态环境部发布的环境标志产品标准，主要包括办公用品、机动车辆、家具、建筑材料等大类，如表 3-3 所示。

表 3-3 中国环境标志产品类别表

品类	具体产品
办公用品	计算机设备、打印设备、显示设备、办公消耗品
机动车辆	车辆、客车
家具	床类、台桌类、椅凳类、沙发类、柜类、架类、屏风类、组合家具
建筑材料	轻质墙体板材、水泥、瓷砖、涂料、卷材、卫生陶瓷等
其他	生活用电器、纺织用品、门窗

除了采用 ISO 14000 相关标准开展环境标志产品的认证之外，我国还自行开展了有机食品、绿色食品、无公害食品以及节能产品的认证，已经形成了一套具有我国特色的绿色产品体系。表 3-4 列举了我国大陆主要的环境认证项目。

表 3-4 我国大陆主要的环境认证项目

认证项目	标志图案	实施机构	起始时间/年
环境标志产品		国家环保总局环境认证中心	1994
绿色食品		农业部中国绿色食品发展中心	1990
无公害食品		农业部农产品质量安全中心	2002
节能产品		中国节能产品认证中心	2002
有机食品		中国国家认证认可监督管理委员会 国家环保总局环境认证中心	2004

3.1.5 绿色产品的种类

绿色产品大致可分为以下六类。

3.1.5.1 国际履约类产品

表3-4彩图示意

《中国的环境保护》白皮书显示，我国缔结或参与了一系列环境保护的公约和协定，主要包括《联合国气候变化框架公约》及其《京都议定书》，还有《保护臭氧层维也纳公约》《关于消耗臭氧层物质的蒙特利尔议定书及该议定书的修正》《生物多样性公约》《生物多样性公约卡塔赫纳生物安全议定书》《濒危野生动植物物种国际贸易公约》《关于在国际贸易中对某些危险化学品和农药采用事先知情同意程序的鹿特丹公约》《关于持久性有机污染物的斯德哥尔摩公约》和《联合国防治荒漠化公约》等 50 多项涉及环境保护的国际条约，并积极履行这些条约规定的义务。

1991 年 6 月 14 日，中国政府加入了修正后的《蒙特利尔议定书》。《蒙特利尔议定书》以附件列表的形式明确了受控物质的种类，并规定缔约方可以协商调整受控物质的种类。《蒙特利尔议定书》至今有过 4 次修正和 2 次调整，扩大了受控物质的范围，加快了淘汰进程。

3.1.5.2 可再生回收利用类产品

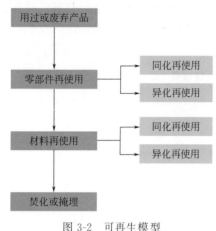

图 3-2 可再生模型

生产过程中所产生废弃物的数量是巨大的。其中，不少废弃物所含物质具有较高的经济价值，然而，它们当中也含有不少有害物质，废弃或放置时间长了，则会造成严重的环境污染，而且也造成严重的浪费。如果加以回收及综合利用，则能同时收到较好的环境效益和社会效益。因此，建立废弃物回收处理体系，实行信息化管理，使本来可能作为废物处置的物质经过收集加工以原料或产品的形式进行再生产，既可以节约资源，又能够减少废弃物排放，降低垃圾造成环境污染的潜在风险。如各种废纸、玻璃、橡胶、塑料等资源经回收后可制造成再生纸、建筑材料、轮胎、再生塑料制品等；而废旧家电及电子产品里含有大量纯度很高的金属如铁、铜、铝，甚至金、银、铂等贵重金属，均属于高价值可再生回收利用资源。下面我们以汽车为例，分别用图 3-2 和表 3-5 说明可再生回收利用类绿色产品可能的形式和种类。

表 3-5 汽车再生形式及再生后产品

再生形式	再生深度	再生前产品	再生后产品
同化再使用	部件	发动机	作为维修用发动机
	零件	点火器	作为配件出售点火器
异化再使用	配件	汽车音响	家用音响
	零件	蓄电池	照明用蓄电池
同化再利用	材料	车身	再造车身
异化再利用	材料	车身	机床零件

3.1.5.3 改善区域环境质量类产品

这类绿色产品主要替代购买频次高、重复使用、消耗量大的传统消费品。因为这类消费品消费数量大，所以对水、大气、土壤环境具有较大的潜在环境威胁。随着我国经济的快速发展和人口的不断增加，在某一特定区域内如果传统产品消费带来的环境负荷超过了环境承载的极限，就会造成区域环境质量的急剧恶化，给区域经济发展和人民健康带来巨大损失。如总磷酸盐含量超标的含磷洗涤剂，包括织物洗涤剂、洗衣粉、皂粉、洗衣膏、液体洗涤剂等，以及餐具洗涤剂、工业用净洗剂等洗涤产品。含磷洗涤剂的生活污水流入江河湖海，会造成水体富营养化，引起赤潮、水华现象的发生，严重污染环境，给水产养殖、渔业生产带来巨大的经济损失。因此企业就要开发无磷洗涤剂等绿色产品，以替代含磷洗涤剂。纸质餐具、电动汽车、混合动力汽车、无汞锌锰电池、低排放燃气炉等都属于此类产品。

3.1.5.4 改善居室环境质量类产品

居室是人的一生中接触时间最长、关系最为密切的环境，居室环境的优劣直接影响到人体健康。据环保专家的测试结果表明，居室是空气污染最严重的地方。居室空气环境质量和噪声大小是影响居室环境质量最重要的两个指标。居室空气污染的主要来源是建筑材料、装修材料及家具。居室环境质量问题已经引起了各国政府和消费者的普遍关注。相较于传统建筑材料，绿色建筑材料不仅具有无毒性、无污染性和无放射性，更具有成本低、能效高等特性。因此，绿色建材的开发与利用现已成为建筑行业关注的热点。目前，新型的绿色建材包括水性涂料、树脂材料、塑料门窗、预制混凝土、再生骨料和再生混凝土、中空玻璃、纤维强化石膏板等。

常见的噪声污染包括日常生活产生的噪声，如家用电器噪声、交通工具噪声等；生产经营引发的噪声，如工业生产中设备运行噪声、建筑施工噪声等。一般情况下，超过85分贝的噪声就可能对人体造成危害。噪声污染最为明显的危害是对耳朵造成伤害，此外还会对人们的神经系统、心血管系统、内分泌系统、消化系统等产生不利影响。因此，不少企业开始加大对降噪技术和降噪产品的研发。例如海尔与美国GE公司联合研发的"一芯变频技术"，属全球首创。这种技术能够全面提升洗衣机性能，让洗衣机实现了超静音，超高洗净比和超低辐射。

3.1.5.5 有益及保护人体健康类产品

衣食住行等许多产品和消费者的日常生活息息相关，其绿色程度直接影响着消费者的身体健康。

从选购衣物方面来说，对标签上标有"免烫""永久免烫"等字样的衣物，购买时要慎重，因为其一般经过了甲醛处理，衣物中的染料有可能通过皮肤被人体吸收而危害健康。从选用家居用品方面来说，装修时尽量选择质量好、毒性小的绿色材料，选择花岗岩、大理石等装修材料时要特别注意其是否有辐射。从出行方面来说，尽量步行，或选骑自行车、电动车及乘坐公共交通工具，减少汽车尾气造成的大气污染。在日常生活中，化妆品尽量选择天然化妆品，避免有毒有害物质的危害。电子产品要考虑对人体的辐射，尽量选择绿色电子产品等。

从食品方面来说，影响健康的因素既有食品本身的重金属、农药残留、兽药残留又有加工储存过程中人为加入的添加剂、防腐剂等，因而购买食品要首选绿色食品。A级绿色食品允许有限制地使用部分农药，AA级绿色食品则严格限定不使用化学农药和化肥。2015年7月，《英国营养杂志》刊登了英国纽卡斯尔大学学者们关于"有机作物制成的食品营养价值高于普通作物制成的食品"的报告。报告显示，有机作物以及有机作物制成的食品中抗氧化物含量比普通生长的作物高出60%，而有机作物的农药残留和有害重金属含量远远低于普通作物。英国有机研究中心科学项目部主任Jessica Shade博士认为，抗氧化物可以减少慢性疾病的发生，基于该研究，如果消费者在选购中更倾向于有机食品，这将意味着在摄入热量不变的情况下，在日常饮食中他们将会获得比普通食品高出20%~40%的抗氧化物。也就是说，在食量不变的情况下，有机食品将会为他们补充更多健康的抗氧化物。同时，报告表明，有机作物的镉含量比普通作物平均低48%。而镉是一种有毒的重金属，它能够引起肾功能衰竭，骨质软化，造成肝损伤等。镉能够长期积聚在体内，即使是少量的镉也能增加慢性病的风险。华盛顿大学的Charles教授说："这项研究成果有力地表明了有机食品和饮料的多种健康益处。"

3.1.5.6 节约能源资源类产品

能源供应能力的增长赶不上需求的增长，能源短缺在很长一段时间都是中国能源发展面临的主要问题。尤其是进入 21 世纪以后，中国经济继改革开放后，再次迎来高速发展期。与此同时，土地矿产资源的投入量也高速上升，环境压力逐渐增大，环境污染日渐严重。政府倡导坚持资源开发与节约并重，把节约放在首位的方针，明确了要以提高资源利用效率为核心，以节能、节水、节材、节地、资源综合利用和发展循环经济为重点，尽快建立健全节约型社会建设的体制和机制，让我国逐步形成节约型的经济增长方式和消费模式，以资源的高效和循环利用，促进经济社会可持续发展。在此背景下，许多节能型产品纷纷被推向市场，并得到了消费者的青睐，如太阳能手机、太阳能热水器、太阳能发电设备等，节电型空调、冰箱、电视等，节水型清洗槽、水流控制器、清洗机、洗衣机等。

3.2　绿色设计

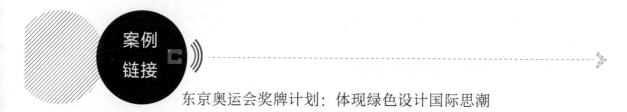

东京奥运会奖牌计划：体现绿色设计国际思潮

虽然 2020 年东京奥运会已经确定延期，但这届命途多舛的赛事依然备受人们关注，尤其是那些不同以往的奖牌。

日本是一个资源相对匮乏的国家，同时又是电子产品的制造大国，每年都会产生很多电子垃圾。根据这样的国情，结合 2020 年东京奥运会环保主题，日本创新了奖牌制作方式，首次采用回收的旧手机和家电来制作"绿色奖牌"。这种创新环保理念体现了国际设计新思潮——绿色设计。

有报道称，从 2017 年 4 月份开始，日本政府便呼吁国民捐出不用的旧手机和家电。截至 2019 年 3 月，已收集到约 78985 吨小家电和 621 万部旧手机，从中提炼出了 32 千克纯金、3500 千克纯银和 2200 千克纯铜。2020 东京奥运会所有的奖牌均来自这些回收提炼的金属。

这项耗时两年完成的回收工作，被命名为"利用都市矿山制作！大家的奖牌计划"。有趣的是"都市矿山"这个词指的是废弃的手机和电脑等内藏的电子基板中可以提取的金银等贵重金属。东京奥运会要用来制作金银铜牌的原材料也是来自小型家电中的这些电子基板部分，换句话说，虽然原材料是垃圾，但含金量确是百分之百。

谈到日本制作的"绿色奖牌"，网友都十分震撼："环保至极！虽然这不是什么新的设计发明，但东京奥组委的这种保护环境的理念却十分令人佩服！"

据悉，东京奥组委一度担心银牌所需材料不足，从秋天开始在全国范围设置回收箱，呼吁大家将废弃的手机和笔记本电脑都扔到这里来。除了个人，日本不少大型企业也参与了这个回收计划，捐赠了公司的废弃公务手机。例如日本邮政就捐赠了被淘汰的 30000 台公务手机，东京瓦斯和三井住友银行也分别贡献了被淘汰的 4000 台公务手机，仍在进行这项计划的 TOTO 公司，特别设置了移动回收装置，用一整年的时间在全国 40 个公司据点巡回，回收集团职员及家人不再使用的旧手机。

本次东京奥运会奖牌计划所回收的 28 种电子产品，在日本的垃圾分类里被归为"小型家电"。选择回收这些，背后其实藏着日本人做奖牌的秘密：不是为了省钱，也不仅仅是为了惜物，虽然有东京奥运会倡导的"打造可持续社会"的功能性，但其实还有一个更加务实的目的，即推广《小型家电再回收法》，继续提高大家的垃圾回收意识。

3.2.1 绿色设计的内涵

绿色设计是获得绿色产品的基础。企业在确立绿色营销的战略后，首先需考虑的是如何进行绿色设计。绿色设计也称生态设计、环境设计、环境意识设计，其核心在于生产之前就将环境保护和污染预防的理念措施纳入设计之中，把环境指标作为产品设计的出发点和归宿，力求使目标产品对环境的影响为零或最小化。因此，环境保护意识是企业进行绿色设计的前提和出发点，是绿色设计与传统工业设计最大的差别。绿色设计的原则是公认的"3R"原则，即 Reduce——减量化、Reuses——再使用、Recycle——资源化。

绿色设计本来是指产品生产之前的工业化设计，但随着人们对环境问题的日益关注，绿色设计越来越受到重视，绿色设计的内涵与外延都有了很大的扩展。绿色设计的理念已经从单纯某一产品的设计扩展到整个企业的生产流程设计和企业所在的工业园区的共生合作生态设计，甚至是整个城市的生态设计。

3.2.1.1 城市的绿色生态设计

目前，全球范围内的城市均面临严峻的生态环境危机，尤其在我国，迅速增加的城市人口和建设用地与自然环境之间的矛盾不断加剧。面临这一严峻现实，以生命、健康、和谐、可持续为核心理念的绿色思维成为城市转型期的基本指导思想，以系统性、综合性、地域性为主要特征的生态城市设计将成为城市发展建设中的重要方法。绿色思维与生态城市设计方法的结合，能够实现城市设计策略的实效性和可操作性，有针对性地解决城市环境污染、空间风貌趋同、人文特色缺失等一系列问题，从而深入贯彻"十三五"提出的"创新、协调、绿色、开放、共享"的发展理念，实现经济、社会、环境的可持续发展。

生态城市设计的核心目标是既能有效地与生态环境要素相适应，又能满足自身的功能需要，实现城市发展的绿色、节能、可持续。

首先，城市建设不可避免地会对原有的生态环境产生影响，应明确生态优先的设计原则，尽量保留城市原有的生态环境要素，综合考虑生物保护、水文地质等生态安全问题，建立良好的城市生态安全格局。在具体设计中，应采取气候适应性设计措施，增强城市韧性，实现城市发展的绿色节能目标。

其次，城市是由建筑、道路、开放空间、市政等要素组成的复杂系统，组成城市系统的各个要素又具有各自不同的系统组成部分。城市的绿色生态设计需要考虑城市系统自身的整体性以及各个子系统之间的内在关联，寻求各个系统之间的平衡，以系统性原则为指导，促进城市建设与生态环境保护的均衡发展。

最后，城市空间环境要素可划分为生态环境要素（E）和空间形态要素（S）两部分，前者主要包括气候、土地、绿地植被和水体要素等内容；后者主要包括空间结构、用地布局、开发强度、道路交通、开放空间、建筑形态等内容。通过建立二者之间的关联性研究，可以根据不同条件下的因子关联度强弱判断需要重点解决的问题，从而制定具有实效性的城市设计策略，形成完善的生态城市设计技术体系，如图 3-3 所示。

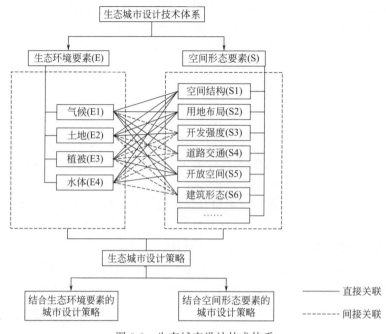

图 3-3　生态城市设计技术体系

3.2.1.2　工业园的绿色生态设计

建设生态城市是未来我国城市化进程的必然趋势。而随着城市化的不断推进，工业园区的产城融合也将进入快速发展阶段。其中，生态工业园区凭借发达的生态产业链、可持续发展的能力和良好的生态服务功能处于产城融合的前沿。

1996 年 10 月美国可持续发展总统委员会（President's Council on Sustainable Development，PCSD）对生态工业园（Eco-Industrial Parks，EIPs）的定义提出了两种观点：一是市场共同体，即与地方社区相互合作、高效分享资源，实现经济增长和环境质量改善的"双赢"；另一种则为物质能量交换的工业体系，目的在于实现经济、生态和社会的可持续发展。我国的《生态工业示范园区规划指南（试行）》，将生态工业园定义为依据清洁生产要求、循环经济理念和工业生态学原理而设计建立的一种新型工业园区。在产业系统中建立"生产者——消费者——分解者"的循环途径，寻求物质闭环循环、能量多级利用和废物产生最小化。如果说传统工业园区是割离人、经济及环境因素之间纯粹的经济利益集合体，那么生态工业园则注重三者之间的平衡，强调绿色、低碳及可持续发展。

3.2.1.3　企业生产流程的绿色设计

企业的生产流程通常包括原料投入、生产加工、包装运输和回收利用四部分。具体的生产工艺流程因不同行业、不同产品有很大不同。以食品加工行业为例，红糖的生产流程包括压榨、澄清、蒸发、煮糖、打砂、包装六道工序；而食用油的生产流程则复杂很多，包括投料、水化、脱胶、脱杂、干燥、脱色、过滤、脱臭、养晶、脱脂、脱蜡等十几个环节。但无论生产流程是简单还是复杂，每个生产环节都可以将绿色设计、环境保护的理念贯彻进去，并将其融入产品的调研、设计、制造、销售、回收及资源化利用过程的每一个环节，最终达到资源利用最优、废弃产出最低的效果。

3.2.1.4 微观产品的绿色设计

通常所说的绿色设计是指微观产品的绿色设计。通过对产品全生命周期绿色属性的分析，在满足顾客传统产品需求的同时，以可拆卸性、可回收性、可降解性、可重复利用性作为设计目标，使产品的资源消耗和环境负荷尽量降低。通过产品生命周期理论的分析，我们可以比较不同产品"绿色"程度的高低，也可以从中发现某一产品在生命周期不同阶段对环境的影响程度并加以设计改进。绿色设计理念贯穿于从原材料采购、工艺创新、制造生产、绿色包装运输到废弃物回收处置的产品生命周期全过程。具体如图3-4所示。

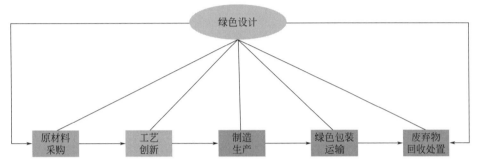

图 3-4 绿色设计贯穿于产品生命周期全过程

微观产品绿色设计的主要内容包括：绿色产品设计的材料选择与管理；产品的可拆卸性设计；产品的可回收性设计；绿色产品的成本分析；绿色产品设计数据库等。

（1）绿色产品设计的材料选择与管理　绿色设计要求产品设计人员改变传统选材程序和步骤，选材时不仅要考虑产品的使用条件和性能，而且应考虑环境约束准则，了解材料对环境的影响，选用无毒、无污染材料及易回收、可重复利用、易降解材料。除合理选材外，同时还应加强对材料的管理。绿色产品设计的材料管理包括两方面内容：一方面不能把含有有害成分与无害成分的材料混放在一起；另一方面，对于达到寿命周期的产品，有用部分要充分回收利用，不可用部分要采用一定的工艺方法进行处理，使其对环境的影响降到最低限度。

（2）产品的可回收性设计　可回收性设计是在产品设计初期充分考虑其零件材料的回收可能性、回收价值的大小、回收处理方法、回收处理结构工艺性等与回收性有关的一系列问题，最终达到零件材料资源、能源的最大利用，并对环境污染最小的一种设计。可回收性设计主要包括以下几方面内容：可回收材料及其标志、可回收工艺与方法、可回收性经济评价、可回收性结构设计。

（3）产品的可拆卸性设计　拆卸在现代生产良性发展中起着重要的作用，已成为机械设计的重要内容。可拆卸性是绿色产品设计的主要内容之一，它要求在产品设计的初级阶段就将可拆卸性作为结构设计的一个评价准则，使所设计的结构易于拆卸，方便维护，产品报废后可重用部分能充分有效地回收和重用，以达到节约资源和能源、保护环境的目的。可拆卸性要求在进行产品结构设计时要改变传统的连接方式代之以易于拆卸的连接方式。

（4）绿色产品的成本分析　由于在产品设计初期就必须考虑产品的回收、再利用等性能，因此成本分析时，必须考虑污染物的替代、产品拆卸、重复利用成本，特殊产品的环境成本等。同样的环境项目，在各国或地区间的实际费用，也会形成企业间成本的差异。因此，在每次设计决策时都应进行绿色产品成本分析，以使设计出的产品"绿色程度"好且总体成本低。

（5）绿色产品设计数据库　绿色产品设计数据库是一个庞大复杂的数据库。该数据库对绿色产品的设计过程起着举足轻重的作用。该数据库应包括产品生命周期中与环境、经济等有关的全过程数据，如材料成分，各种材料对环境的影响值，材料自然降解周期，人工降解时间，费用，制造、装配、销售、使用过程中所产生的附加物数量及对环境的影响值，环境评估准则所需的各种判断标准等。

3.2.2　绿色设计的流程

3.2.2.1　搜集绿色信息

绿色设计信息是关于绿色产品的科技水平、材料、法规、市场需求及其竞争力方面的信息，只有通过搜集绿色信息，企业才能掌握绿色商机。具体内容如下。

（1）环境信息　指有关环境管理、保护、改善、使用等方面的信息。它包括环境、生物多样性（含转基因生物）的状况和对环境发生或可能发生影响的因子（包括行政措施、环境协议、计划项目及用于环境决策的成本——效益和其他基于经济学的分析及假设）在内的一切信息。

（2）市场信息　包括绿色消费市场的类型与规模、绿色市场趋势、绿色市场的购买频率、绿色市场潜力、绿色消费能力、绿色供应商竞争对象、政府、绿色技术发展等。

（3）消费者行为信息　包括消费者的绿色产品需求能力、购买动机、购买方式、购买决策等。

这些信息的搜集与分析，是为了拟订以环保为导向的绿色产品概念设计。

3.2.2.2　构建绿色概念

构建绿色概念是绿色产品设计的早期阶段，一般来说，是指从产品的绿色需求分析到进行详细设计之前的设计过程，包括功能设计、原理设计、形状设计、布局设计和初步的结构设计。这里我们说的构建概绿念是指从产品的绿色需求出发，确定产品的功能结构方案，建立目标产品功能配置的过程，其主要通过绿色需求分析实现这一目标。绿色需求分析就是对所搜集到的绿色信息进行"去粗取精，去伪存真"的整理分析，在较为笼统的信息中提取出具体的定量化的需求，并对矛盾需求进行调整，除去一些不切实际的需求，以求全面真实地反映用户及环保的需求。再将确立的产品绿色需求转化为绿色产品功能特征。

3.2.2.3　优化配置

优化配置是指在产品功能特征的基础上进行配置优化，生成产品配置方案的过程。在这一过程中须充分考虑环境需求，使得最终生成的配置方案具备绿色性能最优的特点，以减少后期改进设计的工作量。优化配置的途径主要是绿色优化设计，而绿色优化设计可以分为基于现有技术的绿色优化设计和绿色创新设计。

3.2.2.4　评价设计方案

绿色设计的目标是使新的设计方案既能满足用户需求又能达到预定的绿色性能。这就必须对设计方案进行用户满意度、绿色性能等方面的评价，这样才能判断是能否达到预定的各项性能指标，以便改进设计。

3.2.2.5 改进设计

改进设计是改善设计方案评价中指出的不足之处，提高产品的环境性能，得到能满足用户需求和环境性能要求的最终设计方案的过程。

绿色设计创造绿色产品 绿色消费保护绿色地球
——世界绿色设计组织

世界绿色设计组织（WGDO，World Green Design Organization），于 2013 年 9 月在比利时布鲁塞尔成立，是世界上首个致力于推动绿色设计发展的非营利性国际组织。WGDO 旨在全球范围内倡导和传播"绿色设计"理念，以"绿色设计"为手段引领生产方式、生活方式、消费方式变革，实现人与自然融合共生。通过举办世界绿色设计论坛中国峰会、欧洲峰会、世界绿色设计博览会以及评选绿色设计国际大奖/绿色设计国际贡献奖，发布《世界绿色设计报告》等形式，促进"绿色设计"信息、技术、材料、项目、资本、人才等交流与合作，搭建全球性绿色发展对话平台。

WGDO 由执委会、理事会、会员大会组成，会员覆盖近三十个国家。目前已经在北京、上海、扬州、香港、布鲁塞尔、伦敦、巴黎、斯德哥尔摩、柏林、法兰克福等城市设有办公室，已建立 17 个专业委员会及 7 个专门委员会。连续六年通过论坛、展览、表彰、奖励等形式，表彰了西门子、海尔、宝洁、万科等数百家领军企业和数百位领军人物，促成了一批绿色设计成果转化落地。WGDO 已与欧盟委员会、欧洲议会、联合国环境规划署、世界知识产权组织、国际标准化组织等国际组织建立了工作联系。

3.3 清洁生产

2019 年中国国际节能环保技术装备展示交易会

中国国际节能环保技术装备展示交易会创办于 2014 年，是专注于工业节能环保与清洁生产技术和装备领域的第一大专业展会，展会交易量位居同类节能环保展览会前列，现已成为工业节能环保与清洁生产技术和装备领域相关企业每年追逐参与的首选交流合作平台。前四届展会吸引了超过 30 家中央企业、20 家世界五百强企业，以及来自全球十余个国家和地区近千余家企业参展参会,专业观众超过3万人。

《中国制造2025》将绿色工业发展确定为未来工业发展的重要内容。为加快工业绿色发展,国家相继颁布了《工业绿色发展规划(2016-2020年)》《绿色制造工程实施指南(2016-2020年)》等一批国家重大战略规划,党的十九大报告进一步强调"加快建设制造强国,加快发展先进制造业",节能环保、绿色制造迎来新的重要战略发展机遇期。为践行绿色发展理念,展示近年来先进的节能环保技术、工艺、产品、装备以及绿色制造领域取得的成果,推进先进技术、工艺的交流与合作,实现技术、产品、装备的推广和交易,在工业和信息化部的指导下,第六届中国国际节能环保技术装备展示交易会在成都顺利举办。

展品范围主要包括:

(1)绿色工厂、绿色园区、绿色产品、绿色供应链 如可支撑绿色工厂、园区等建设的关键共性技术装备、咨询服务,绿色制造系统集成项目,绿色数据中心,生态产品设计,有毒有害原料(产品)替代品等。

(2)工业节能技术与装备 如节能型锅炉、工业窑炉、高效节能电机与自动化控制系统、高效空压机、风机,燃烧系统优化、蒸汽系统优化、循环水系统优化等。

(3)建筑节能 如楼宇智能控制系统、新型保温材料、新风系统、绿色照明与空调系统节能、热泵系统、绿色数据中心建设与节能技术等。

(4)清洁生产与污染防治 如烟尘、粉尘治理技术与设备空气净化(油气及尾气回收与净化)、垃圾填埋与利用,降噪技术与装备,污水处理成套设备,工业场地污染诊断,村镇低成本小型垃圾处理成套设备,废旧电子产品、废旧塑料、纺织品等新型废弃物的资源化利用及无害化处理技术等。

(5)清洁能源利用 如分布式能源、风光电互补技术,生物质能、地热能、洁净煤技术等。

(6)节能环保服务与环境监测 如节能环保服务公司、环境监测与咨询服务、研究机构/大学、贸易机构/协会、金融机构等。

3.3.1 清洁生产的由来

面对日益严重的环境污染,日趋短缺的自然资源,工业发达国家在对其经济发展过程进行反思的基础上,认识到如果不改变以消耗大量资源和能源来推动经济发展的传统模式,单靠一些补救性环境保护措施,并不能从根本上解决环境问题。最好的解决方法是从源头到全过程的考虑,为此,清洁生产应运而生。换句话说,清洁生产是西方工业国家在总结末端治理环境战略弊端的基础上,以探索预防为指导思想提出的环境治理战略。

3.3.1.1 末端治理

末端治理是指在生产过程的末端,针对产生的污染物开发并实施有效的治理技术。末端治理是环境管理发展过程中的一个重要阶段,它有利于消除污染事件,也在一定程度上减缓了生产活动对环境的污染和破坏趋势。但随着时间的推移和工业化进程的加速,末端治理的局限性也日益显露。第一,末端治理与生产过程割裂,只对已经生成的污染物作被动式处理;第二,处理污染的设施投资大、运行费用高,使企业生产成本上升,经济效益下降;第三,末端治理往往不是彻底治理,而是污染物的转移,这样不仅不能根除污染,还可能造成二次污染；第四，末端治理未涉及资源的有效利用，不能制止自然资源的浪费。所以，要真正解决污染问题需要实施过程控制，减少污染的产生，从根本上解决环境问题。

3.3.1.2 清洁生产与末端治理的比较

之所以说清洁生产是污染控制的最佳模式，其一是因为清洁生产体现的是"预防为主"的方针；其二是因为清洁生产实现了环境效益和经济效益的统一。清洁生产与末端治理比较见表3-6。

表3-6 清洁生产与末端治理比较

类别	清洁生产	末端治理
思考方式	污染物在产生过程中消除	污染物产生后再处理
产生时间	20世纪80年代末	20世纪70—80年代
控制过程	生产全过程及产品生命周期全过程控制	污染物达标排放控制
控制效果	较稳定	产污量影响处理效果
产污量	明显减少	无明显变化
排污量	减少	减少
资源利用率	增加	无明显变化
资源消耗	减少	增加
产品产量	增加	无明显变化
生产成本	降低	增加，主要用于污染费用
经济效益	增加	减少，污染治理成本增加
治理污染费用	减少	增加

3.3.2 清洁生产的定义

3.3.2.1 国外对清洁生产的定义

联合国环境规划署与环境规划中心（UNEPIE/PAC）将清洁生产定义为：对生产过程而言，清洁生产包括要求节约原材料与能源，淘汰有毒原材料，并在全部排放物和废弃物离开生产过程之前减少废弃物的数量与毒性；对产品而言，清洁生产要求减少从原料的选择、产品制造、使用到产品的最终处置的全生命周期对人类和环境的不利影响；对服务而言，清洁生产要求将预防性的环境保护策略纳入服务设计和提供的服务活动中。

3.3.2.2 我国对清洁生产的定义

我国在1994年的《中国21世纪议程》中首次提出清洁生产的概念：清洁生产是指既可以满足人们的需要，又可合理使用自然资源和能源并保护环境的实用生产方法和措施，其实质是一种物料和能耗最少的人类生产活动的规划和管理，将废物减量化、资源化和无害化，或消灭于生产过程之中。《中华人民共和国清洁生产促进法》中对清洁生产的概念进一步进行了定义：清洁生产是指不断采取改进设计、使用清洁的能源和原料、采用先进的工艺技术与设备、改善管理、综合利用等措施，从源头削减污染，提高资源利用效率，减少或者避免生产、服务和产品使用过程中污染物的产生和排放，以减轻或者消除对人类健康和环境的危害。

虽然国内外对清洁生产概念的描述和定义有所不同，但其主要目的和中心思想基本都强调从传统的末端治理转变为从源头上减少污染，以生产全过程综合预防为主的可持续发展战略。

3.3.3 清洁生产的主要内容

3.3.3.1 清洁的原料与能源

采用各种方法对常规能源进行清洁利用；加速以节能为重点的技术进步和技术改造，提高能源的利用效率。

3.3.3.2 清洁的生产过程

采用少废、无废的生产工艺技术和高效生产设备；尽量少用、不用有毒有害的原料；减少生产过程中的各种危险因素和有毒有害的中间产品；组织物料的再循环；优化生产组织和实施科学的生产管理；进行必要的污染治理，实现清洁、高效的利用和生产。

3.3.3.3 清洁的产品

产品应具有合理的使用功能和使用寿命；产品本身及在使用过程中对人体健康和生态环境不产生或少产生不良影响和危害；产品失去使用功能后，应易于回收、再生和复用等。

3.3.4 清洁生产的审核

到目前为止，清洁生产的有效实施方法有很多，主要是清洁生产审核、环境标志、产品生命周期评价、生态设计以及环境管理体系（ISO 14000）等，其中清洁生产审核的应用范围最广、使用最为成熟。

清洁生产审核是一个发掘被评价企业清洁生产潜力的过程。它是指按照一定的程序对生产和服务过程进行调查和诊断，以确定高能耗、高材料消耗和重污染的原因，并提出降低能源消耗，材料消耗，废物产生和减少使用有毒有害物质，生成和再利用废物的方法，然后选择和实施一个技术上经济和环境上可行的清洁生产计划。具体步骤如下。

3.3.4.1 筹划和组织

在清洁生产开始之前组建清洁生产审核小组，培养相关的管理人员和技术人员，制订清洁生产审核工作计划，开展培训，加强宣传。

3.3.4.2 预评估

对企业生产的各个环节进行调研和考察，找出重点污染生产的环节，就该环节进行分析整治，预估全厂清洁生产潜力，确定重点环节，对生产的所有过程设置清洁生产目标。

3.3.4.3 评估

评估阶段的工作重点是收集资料，对审核重点建立物料和能量双平衡，对平衡进行分析，找出废物产生的原因，为方案的产生提供理论依据。

3.3.4.4　方案产生和筛选

针对评估过程中找到的问题，提出整改方案并进行分析筛选。

3.3.4.5　可行性分析

对初步筛选的中、高费方案进行技术、环境、经济的可行性分析，确定可行性方案。

3.3.4.6　方案实施

主要是实施并分析方案，进行方案实施效果的评估。

3.3.4.7　持续清洁生产阶段

持续清洁生产是一个长远的过程，还有很多路要走。包括相关的组织机构负责推行和管理，制定相关的管理制度与规定来规范清洁生产过程。

Cowboy boots：制革业中的清洁生产

墨西哥莱昂市以产出高品质皮鞋闻名。可惜的是，随之产生的大量制革用化学废料被直接排入当地水域，致使许多当地人染上严重疾病。

多年来，莱昂市虽然一直试图通过法律来规范排污，但因为当地制革厂普遍是人工作坊，作坊主们认为减少污染的成本太高，严重影响他们的收益，都不愿意遵守这些法规。污染问题不仅没有解决，反而越演越烈，直到当成千上万的鸟儿因污染死在了莱昂市附近的湿地上，环境污染问题再次凸显在人们面前。于是，当地制革行会和贸易组织开始积极寻求既可以减少污染又不影响收益的方式。这时清洁生产进入了人们的视野。

非洲和亚洲的制革组织曾与联合国工业开发组织（下文简称开发组）共同开发了一个制革业的清洁生产项目，这个项目让制革业通过提高自然资源的利用效率，达到减少使用量，并最终减少一半以上生产污染的目的。莱昂市制革行会和贸易组织积极向开发组学习，帮助当地制革厂采用清洁生产。首先，他们运用了一个新工艺，使更多的铬在鞣浴过程中与兽皮充分接触，减少废弃的终产物。其次，他们用一种天然酶代替化学物铬来软化兽皮，降低了有毒物质的排放。对于那些没有能力使用铬替代物的制革厂，则采用废弃再利用的方法，对排放的铬进行再次利用，而不像以前使用一次后就倒掉。此外，一些制革厂还建立废水处理系统，通过对废水进行处理回收利用，从一定程度上保护水资源。

当然，莱昂市制革行会和贸易组织在当地积极推行清洁生产，不仅因为这样可以减少环境污染，保护当地的饮水安全和迁徙的候鸟，还因为清洁生产可以节约成本、生产出高品质的皮革。莱昂市的制革工人现在都使用清洁生产的工艺，当你问他们为什么要使用这些新方法时，除了保护当地的水资源外，他们还会告诉你这种生产方法能以更低的成本生产出品质更高的皮革。

3.4 绿色包装与回收

Loop 零废弃物计划 改变消费市场未来

这项名为 Loop 的回收服务,由回收商泰瑞环保(TerraCycle Inc)联合众多消费品公司共同建立,是同类首个全球包装和购物循环解决方案,旨在为各种产品提供可重复使用容器的交付、使用和回收服务。泰瑞环保是一家创新的废弃物管理公司,以消除废弃物作为公司使命。自 15 年前成立以来,泰瑞环保已经在 21 个国家开展业务,与领先的消费品公司、零售商等合作,回收的物品从脏尿布到雪茄烟头,从果汁瓶、薯片袋到剃须刀、卫生护垫等各种产品和包装,避免废弃物填埋或焚烧。

Loop 的运作机制

购物:消费者将前往 Loop 网站或 Loop 合作零售商网站,选购重新设计、采用无废弃物包装的产品。

接收:所购买产品将不再使用纸箱等一次性运输材料,而是使用经专门设计、可重复使用的运输箱/购物袋。

回收:消费者在使用产品时,不必清洁或丢弃包装,可将空容器放回 Loop 运输箱/购物袋,再由 Loop 挨家挨户回收。

清洁:Loop 研发团队研发了专门的清洁技术,用以清洁回收后的容器,确保它们可以安全地重复使用。

回收再利用系统:Loop 还在开发其他产品的回收和再利用系统,如剃须刀、牙刷、尿布和卫生护垫。

与 Loop 合作的消费品企业

联合利华(Unilever plc):作为首批参加 Loop 计划的企业之一,联合利华将测试由不锈钢制成的可再填装除臭棒。据联合利华估计,该新型除臭棒可持续填装约 100 次,可减少相当于消费者 8 年所产生的空包装废弃物。联合利华首席执行官保罗·波尔曼表示:"我们希望结束当前的'拿取—制造—丢弃'模式,并致力于采取重大措施,以设计可重复使用产品。"

宝洁公司(Procter&Gamble Co.):消费品巨头宝洁公司将旗下潘婷、汰渍、卡思卡特、欧乐 B 和佳洁士等品牌的部分产品加入 Loop 平台。

• 耐用包装:潘婷、汰渍、卡思卡特和佳洁士等最受欢迎的家用产品已设计了新型耐用可重新灌装的包装瓶。如潘婷洗发水和护发素推出采用轻质耐用的铝制成的独特包装瓶;佳洁士推出新款 Crest Platinum 漱口水,采用可持续化、可重新灌装的玻璃瓶。

• 回收产品重新罐装:欧乐 B 作为口腔护理领域 50 余年的创新领袖,Loop 平台将针对其电动充电牙刷和手动牙刷,回收使用过的刷头。吉列将提供耐用材质的高档旅行包,消费者可将之与产品手柄一并保存,而 Loop 平台则向消费者回收使用过的刀片等其余部件。

- 回收已使用的卫生产品：帮宝适和 Always 计划从消费者家中收集已使用的卫生产品，将使用过的吸水性卫生产品转化为二次原料，以便获得更高的应用价值。

除上述企业外，截止到 2019 年，参与 Loop 计划的公司和品牌还包括：雀巢公司（Nestle SA）、百事公司（PepsiCo Inc）、玛氏公司（Mars Inc.）、高乐氏（Clorox Co.）、美体小铺（The Body Shop）、可口可乐欧洲合作伙伴（Coca-Cola European Partners）、亿滋国际（Mondelēz International）、达能（Danone）、利洁时集团（Reckitt Benckiser Group plc）、家乐福（Carrefour）、乐购（Tesco）、联合包裹服务公司（United Parcel Service）等。

泰瑞环保首席执行官 Tom Szaky 表示："我们很高兴与宝洁和其他全球品牌、零售商、基础设施公司和世界经济论坛合作，创造一种更负责任地消费产品的新方式。Loop 的目的不仅是消除包装废弃物，还要大大提高产品体验和我们购物的便利性。通过 Loop，消费者可使用特别设计的耐用、可重复使用或完全可回收的包装，负责任地消费产品。通过宝洁等值得信赖品牌的力量和影响力，我们将能够改变消费者的习惯，达到此模式要实现的目标。"

3.4.1 绿色包装的定义

当产品被取出后，大多数的产品包装都被弃置为垃圾，相关资料显示，包装垃圾在我国城市垃圾中占 1/3 的比重，年废弃价值达 4000 亿元。自 1975 年德国出现世界第一个绿色包装标志——DERGRNEPOMKT（绿点）后，在世界各地开始了从"绿色包装"到"绿色产品"的"绿色革命"。"绿色包装"因产品包装废弃物所造成的环境问题而生，旨在最大限度地减少包装废弃物排放、节约资源和保护环境，并将此理念贯穿于包装产品从原材料选用、加工、储存、运输、利用和回收处理的整个生命周期评价中（LCA）。我们可将绿色包装定义为对自然环境和人体健康无害，能够循环使用、再生利用或可降解，符合可持续发展的适度包装。

3.4.2 绿色包装的设计原则

了解绿色包装首先应当明确其设计原则。目前被广泛认同的绿色包装设计原则是"4R1D"原则，即：Remove，去掉不需要的包装原则；Reduce，包装减量化原则；Reuse，重复利用原则；Recycle，回收再生原则；Degradable，采用可降解包装材料原则。

3.4.2.1 去掉不需要的包装

最好的绿色包装就是无包装，因为材料是一切包装设计的物质之本，减少材料的应用，将直接从源头上控制资源在包装生命周期的输入，少用甚至不用材料当然是绿色包装设计的首选。因此在设计商品包装时，首先要考虑需不需要包装，可不可以不用包装达到商品运输储存的要求。像蔬菜、水果之类的即时性消耗品，完全可以裸露存放，利用其本身抗外界影响的能力和个体的独立完整性，不额外保存或包装，只要以标签标示就能很好地满足产品信息传递与商品展示的要求。直接将商品运送到使用现场则更是将包装物的数量减少到极致。

3.4.2.2 重复使用

例如过年家中都会备一些酒品，那么酒的外包装就会变成多余的废品。为此设计师 Rita Rivotti 设计了一款有创意的包装设计，即将酒盒变成鸟屋。设计师使用中间带孔的木盒作为葡萄酒的外包装，包装拆下后可直接作为鸟屋挂在树上。这款包装体现出设计师对自然的尊重和对动物的保护，既实用又环保。再例如日常使用的快递纸盒，或者产品的外包装纸盒，其实人们在使用产品的同时，外包装就已失去原有价值。"Toy Box"将纸质外包装与拼图玩具相结合，同样达到了变废为宝的再利用目的，更重要的是它是专为非政府组织和慈善机构向发展中国家和灾区提供的现有救济援助纸盒而设计的。可以说既解决了外包装回收的处理问题又充分体现了人道主义。

3.4.2.3 回收废弃包装材料再生利用

通过回收废弃包装物，生产再生制品。如纸制品包装可以回收利用，其废弃物在大自然环境中也可以自然降解，因而纸制品作为可回收再生包装容器在世界的应用越来越广泛。纸盒、纸箱、纸袋、纸杯、纸筒可用于各种果汁、牛奶等饮料和熟食、快餐、点心等食品的包装。采用纸材料包装商品，废弃包装纸回收后可转化为纸浆再次进入生产包装材料的循环，生产再生纸或纸箱。麦当劳为了保护环境，就把原来不能回收利用的外卖塑料袋包装改为纸袋包装，尽管纸袋的价格更高一些。

3.4.2.4 采用可降解包装材料

可降解包装材料可在自然环境中通过光合作用或微生物作用逐渐分解和还原，最终以无毒无害的形式重新进入生态环境中。对于不能回收利用的废弃包装物，要采用能分解的包装材料，从而减轻环境负荷、减少环境污染。现在许多"新型可降解塑料"具有废弃后自行分解消失、不污染环境的特性。麦当劳使用的聚乳酸包装材料餐具，可以生物降解。美国出现了以淀粉和合成纤维为原料的塑料袋，可在大自然中分解成水和二氧化碳。日本美妆巨头资生堂集团与日本 Kanaka 合作研发了一种名为"PHBH"的可降解聚合物，作为旗下化妆品的包装材料，这是一种100%植物来源的生物聚合物，经认证可在海水、土壤等环境中自然分解。另一些公司鼓励消费者将产品包装进行二次使用，如 Cargo Cosmetics 化妆品公司推出的 Plant Love 口红，用来装口红的纸盒是用注入了花籽的可降解性花纸做成的，其中的花籽在浇水及精心照料后可长出漂亮的花朵来。

纸包装——低碳包装新选择

成立于瑞典的利乐公司（Tetra Pak），是食品加工和食品包装解决方案的全球领导者。长期以来，利乐将可持续发展视为公司的发展要务。自2018年起，利乐加强部署了包装产品组合创新战略，通过打造可再生利用包装组合，在保证食品安全前提下，实现包装完全采用可再生或回收再生材料，并完全可回收再利用，最终达到垃圾零填埋的终极目标。

2018年，利乐公司通过大力投资新包装开口组合，迈出了解决海洋垃圾问题的第一步。2019年，利乐公司在部分市场试用纸吸管，并致力于在全球范围内实现纸吸管的大规模工业化生产。其产品组合战略见图3-5。

我们的产品组合战略			
可再生包装	可持续的开口方式	使用回收再生材料	通过设计助力回收
• 推出完全可再生的无菌纸包装 • 进一步开发和推广生物质包装	• 纸吸管 • 与包装一体的开口方式 • 可生物降解吸管 • 一体盖	• 在主要包装、二级包装以及附加材料中使用回收再生的聚合物和纸张	• 探索新的包装材料结构 • 研发智能包装,更有益于产品的收集、分料和再使用

图 3-5　2018—2022 年利乐产品组合战略

作为利乐 EMF 新塑料经济承诺的一部分,公司计划到 2025 年前,在饮料纸包装中平均使用至少 2% 的回收再生塑料成分(欧洲范围内)。未来五年,利乐公司计划每年投资约 1 亿欧元,用于为包装上附带的塑料吸管研发相应的替代解决方案,例如纸吸管、一体盖和其他饮用解决方案。

此外,利乐还研发了纸包装碳排放计算器,该计算器能够显示纸包装在离开利乐工厂前的二氧化碳排放当量,这个数字涵盖了采购原材料、运输原材料到工厂,以及将原材料转化为包装材料的全过程,能为大约 45% 的包装解决方案提供碳排放数据。目前,纸包装碳排放计算器已获得英国碳信托有限公司(Carbon Trust)的外部认证。

3.4.3　绿色包装策略

3.4.3.1　包装材料选择的绿色化

常用的绿色包装材料主要包括重复再用和再生材料、可食性包装材料和天然生物材料。

(1) 有机包装材料　如竹子、稻草、藤条等对自然资源直接利用的材料。有机材料可以直接制作包装材料,有的经过简单加工也可以制作包装材料。使用有机材料做包装有两大好处:一是产品生命周期链缩短,只经过原材料制造、使用与废弃几个阶段,对环境的危害小;二是废弃后可以自然降解,对环境无污染。

(2) 可食用包装材料　它的原材料主要由植物淀粉、植物纤维、脂肪酸等天然物质组成。其具有无毒、无味、可以食用、对人体无害、可降解等特点,广泛应用于食品、药品等产品的包装。例如,2015 年肯德基与几位科学家共同设计了一款"Scoff-ee Cup"可食用咖啡杯,整个杯子都是用饼干做成,杯子里面涂有一层白色朱古力和糖衣。倒进热咖啡后,咖啡热力会将糖衣和白巧克力融化,杯子也会变得松软,喝完咖啡后可将杯子直接吃掉,环保又不浪费。

(3) 可降解包装材料　可降解材料是指在一段时间内,在热力学和动力学意义上均可降解的材料。按降解的外部因素来分,可分为:

光降解材料:由于太阳光的作用而降解;

生物解材料:由于真菌、细菌等自然界微生物的呼吸作用或化能合成而降解,最终分解为二氧化碳和水;

环境降解材料:在光、热、水、微生物、昆虫、机械力等自然环境条件作用下降解。

(4) 可回收包装材料　可回收的材料是减少包装污染和解决垃圾焚烧、填埋等问题的有利条件。可回收的材料具有更长的生命周期,能发挥更大的作用,能得到更多、更全面的利用价值，从而缓解资源紧张的问题，尽最大可能提高资源利用率。可回收材料包括材料自身可以回收或可再利用的纸类、玻璃、塑料、金属和人工合成材料等，利用可回收材料进行绿色设计，就是赋予包装新的生命。

3.4.3.2 包装造型结构的绿色化

合理的设计包装结构，既可减少使用包装材料，又可减轻对环境的压力。绿色包装结构有以下几个设计原则。

（1）模块化包装设计　模块化的设计，是指在对一定范围内的不同功能或相同功能不同性能，以及不同规格的工业产品造型进行功能及结构分析的基础上，划分并设计出一系列功能及造型模块。通过选择和组合可以构成不同的产品及包装基础模块，满足不同的工业产品造型设计和包装的需要。

众所周知，在批量化生产中，产品数量越大单价越低。"模块化"的包装设计意味着可以进行大批量的生产。建立起"模块化"的包装，不仅可以降低设计成本，缩短包装设计的周期也可以降低包装生产、运输的总成本。要设计并使用"模块化"的包装需要两种方式的配合。

① 产品设计可拆分、折叠，以适合"模块化包装"。这要求设计师在产品设计之初，就考虑到最终的包装尺寸，将产品以最佳方式拆卸、折叠，以配合"模块化包装"。宜家家居专业超市大多采用的是这样一种方式。宜家的大型家具都是拆分的组装货，产品拆分后即可装入不同的模块化的包装之中。

② 包装装潢的附加，以区分不同产品。必须注意的是，如果生产企业全部使用统一的"模块化包装"，销售人员和消费者就很难从包装上区分产品，因此在"模块化包装"的设计上，尤其是用于展示的次级包装上，应留有一定的空间，方便在包装上附加文字或图片，以向消费者提供清晰的型号、尺寸等产品信息。

（2）包装结构合理化设计　合理设计包装结构，是指根据产品的实际需求，以适度的材料和合理的功能结构，对包装的内部构架和外部形态进行科学规划，除了考虑实现对产品的容纳功能、防护功能外，还要兼顾其促销功能、使用功能，以及经济、快捷、批量加工成型工艺的可行性。在材料上使包装产品实现最大限度的减量化，在生产上有利于批量加工，同时又能很好地满足消费者在自我服务时的需要，方便消费者对包装的储存、回收。避免包装层次的反复叠加，出现过度包装、浮夸包装现象。包装结构合理化设计要注意以下两点。

① 包装结构牢固，能有效保护产品。合理的包装结构设计不仅可以保护产品，而且还会因为包装强度和刚度的提高，降低了对下一级包装的要求，减少包装材料的使用。如果基本包装足够可以保护产品，就有可能省去次级包装，直接将基本包装连同产品一起装进运输包装中。包装的结构应具有足够的强度和刚度，但这并不意味着必须使用更厚更坚固的材料，而是可以通过设计合理的包装结构，在增加包装强度、刚度的同时，也能节省包装材料。

② 包装造型与结构的减量化、轻便化。要使包装结构设计达到减量化、轻便化的目的要做到以下三点。首先，应实现包装材料消耗最少化和产品占存储空间最小化，并确保盛装、保护、运输、贮藏和销售等过程的安全，及满足销售展示的需要。其次，也要考虑到包装的造型设计应该能符合大机器生产的规格要求，方便自动生产设备进行批量化的生产，尽可能将包装展开图设计为外轮廓规则的矩形。最后，还要考虑到消费者使用产品及包装时的

方便性。

3.4.3.3 包装设计元素的绿色化

（1）色彩的"绿色"暗示　色彩带有明显的象征性和情感特征，对于产品而言，色彩肩负着双重使命：表现产品的特征并与消费者在情感上引起共鸣。因此，设计师在重视色彩功能的同时也要把握绿色设计的原则，不能一味追求视觉效果而忽视色彩语言的绿色化，应该尽量合理地使用色彩，并使消费者从视觉上产生贴近自然、清新简洁的环保联想。

（2）文字的"绿色"语言　文字是包装设计的重要元素之一，包装可以没有图形却不能没有文字。商品的许多信息都要通过文字来表述，比如商品的名称、容量、成分、使用方法和生产日期等。文字在包装中既有对产品的说明功能也有对形象的表现功能。文字可以成为产品图形的辅助元素与图形融合在一起，甚至可以通过图形化的设计取代图形以起到其装饰和说明作用。因此，我们说文字在包装中有着画龙点睛的效果，文字的"绿色性"也显得尤为重要。文字的"绿色"主要体现在其精简和有益身心健康上，在运用文字时就要尽可能清晰、直观、简化、准确地描述产品，避免误解和歧义，推动包装设计的健康发展。

（3）图形的"绿色"设计　图形是设计中的主要元素，在包装设计中更是随处可见。好的图形设计可以更加直观地表述产品，起到事半功倍之效。为了吸引消费者的视线，包装一度走向了繁杂、花哨的误区，图形的过度复杂与装饰、色彩的多样堆砌，都让包装显得华而不实，让消费者仿佛置身于喧闹的环境之中，这不但导致了包装成本的上升，也使消费者出现了视觉与审美疲劳，对人们的消费心理产生了不良影响。在对包装图形的处理上尽量达到色彩调和、形象精炼、组合单纯的效果，舍弃令人眼花缭乱的图形，多使用一些自然景象，减少颜色的使用数量，降低油墨的印刷面积并使用环保油墨，这些都可以唤醒人们亲近自然、保护自然的环保意识，消费者在愉悦购买产品的同时也可以不断强化绿色理念。

3.4.4 包装废弃物的回收利用

3.4.4.1 包装废弃物分类回收体系有待完善

废弃物回收再利用已成为循环经济领域的支柱产业链，废弃资源回收产业一方面可以降低环境污染，减轻环境负荷，保护自然环境；另一方面也可以节约资源消耗，增强国家和企业的经济实力及竞争力。我国包装废弃物分类回收体系有待完善，主要表现在：

① 有的可回收和不可回收的垃圾混杂在一起，造成可回收废弃物的二次污染，加大了包装废弃物再利用难度；

② 回收渠道混乱，市场化的、规范的回收网络需进一步完善；

③ 以手工分拣处理为主，专业的技术手段有待提高；

④ 包装废弃物回收率低，资源的再生利用技术需要改进。

3.4.4.2 加强绿色回收工作

要加强绿色回收工作，可从以下几方面做起。

（1）重视对消费者的教育，提倡垃圾分类，提高回收率　企业要加强和消费者的沟通，通过网站、宣传册、广告、营销活动等传递绿色商品、绿色包装和绿色回收的信息，引导消费者辨别不同的包装材料，进行垃圾分类，对不同的包装材料分门别类放置。消费者形成了垃圾分类的意识和习惯，才有可能对纸张、塑料瓶、罐头盒、电子产品、电池等废弃物归类处理。企业产品包装上可以通过文字、标识等传达包括产品回收在内的环保信息。如产品包装上可以印上是否可回收的标志，或者印上分类标志，表示丢弃时应分类处理。

(2) 建立生产者承担回收责任的法规体制　许多国家在法律中明确规定生产者承担废弃物的回收和处置责任。如日本的《家用电器再循环法》规定，生产者负责废旧家电的再生利用；销售者对废旧家电进行回收，并送到生产厂家；消费者承担废旧家电的回收、运输及再生费用，冰箱、空调、电视和洗衣机的再生费用分别为 4600 日元、3500 日元、2700 日元和 2400 日元。德国规定商品生产者和经销者回收包装垃圾，要求容器及包装物要贴绿色标识，绿色标识使用费视包装垃圾再生利用的难易程度而定。欧盟明确规定：自 2005 年 8 月 13 日起，所有销往欧盟成员国的电子电气设备产品加贴回收标识；生产商必须按其产品所占市场份额的比例，承担回收处理废弃产品的责任并支付回收处理的相关费用。我国应通过立法，明确制造商对其设计、制造、销售的产品有义务进行收集、再使用、处置等，从而促进制造商在产品的设计环节就考虑以后的回收利用，以便减少产品全生命周期内的环境影响和后期的回收处理成本。同时对销售者、消费者应承担的责任也以法律的形式明确下来，提高废弃物的再生利用比率。

(3) 建立高效的绿色回收利用体系　目前我国废弃物回收过程中涉及的企业和个人几乎都没有专业资质和相对先进的技术手段，以人工操作为主，容易造成二次污染及资源回收利用率低。

以废弃电子产品（WEEE）回收为例，目前我国现有的 WEEE 回收渠道包括：传统回收商回收、销售商回收、生产企业回收、处理企业回收、新型第三方企业回收，如图 3-6 所示。

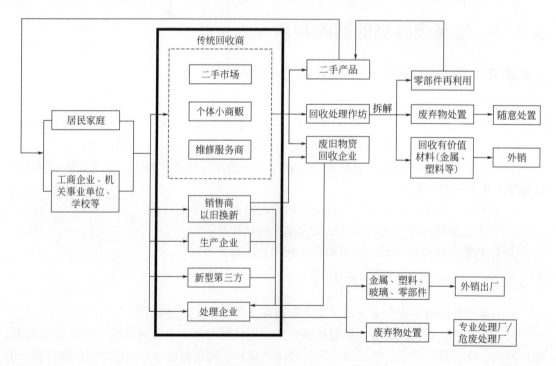

图 3-6　我国现行的 WEEE 回收处理体系

但据调查，以个体商贩、维修服务商、二手电器市场三种回收模式为主的传统回收商回收占总回收量的 80%。这些传统回收商回收网点分布广泛，集聚能力强，但因其并不具备回收的专业素养，因此他们会在利益的驱动下将 WEEE 中价值高的部分拆除，将价值较低的部分随意丢弃，导致二次环境污染。我国目前急需建立专业化的绿色回收体系及处理厂家。

3.4.5 关注产品包装的绿色生命周期

产品包装绿色策略涵盖从产品包装产生到抛弃或回收的整个生命周期，从包装原材料的采集、材料的处理加工、包装成品制作组配、包装与产品的物流仓储及运输到包装到达用户后的弃置、后续利用或回收处理，涉及包装与产品结合和包装与产品分离两个阶段。值得注意的是其中每个环节都可能造成资源浪费和环境污染，因而也都可通过绿色方式加以改进或创新。

① 在选择包装材料时，应选择非资源短缺型自然材料，以及可降解、可再生、可堆肥、可循环利用且方便回收的绿色包装材料，或者利用天然材料的弃置物作为包装材料。

② 在收集、处理、加工、制作等过程中，应简化工艺以节约能源，同时需要确保生产过程安全无毒害，避免工业废料及化工制剂对人体健康和周围环境的破坏。

③ 在设计包装结构时，应简化包装结构、去除重复包装，使包装设计适应多规格、多用途和多次循环使用的需要，减少包装废弃物。

④ 在包装储运方面，应通过本土化生产、近距离流通、零包装或自包装、缩减包装体积和重量等手段来节约储运能耗。

⑤ 保证产品包装的牢固性和耐久性，减少包装产品及包装本身在流通过程中因损耗而造成的资源浪费。

⑥ 提高包装搬运、拆卸过程的便捷度，减少此过程产生的能源消耗。

绿色包装有了评价标准

2019 年 5 月 13 日，国家市场监督管理总局、国家标准化管理委员会发布了一批重要国家标准。其中，《绿色包装评价方法与准则》国家标准提出了科学合理、可操作的绿色包装评价标准体系，让未来的绿色包装产品真正做到低碳、节能、环保和安全。

据国家标准委介绍，国内现有生产企业二十余万家，涉及产品种类数以万计，然而超过 80% 的企业以生产传统包装产品为主。由于缺乏绿色化先进技术以及绿色包装意识，包装废弃物对环境产生的压力越来越大。目前，国内绿色包装仅停留在概念阶段，至今尚无严格的统一定义和评价标准。因此，将绿色包装从概念转化为明确的评价要求，非常有必要。

根据《绿色包装评价方法与准则》国家标准，"绿色包装"指在包装产品全生命周期中，在满足包装功能要求的前提下，对人体健康和生态环境危害小、资源能源消耗少的包装。围绕"绿色包装"定义，该标准融入了"全生命周期"理念，从资源属性、能源属性、环境属性和产品属性四个方面规定了绿色包装等级评定的关键技术要求，对重复使用、实际回收利用率、降解性能等重点指标赋予较高分值。

营销训练

知识要点训练

1. 绿色产品与一般产品的区别是什么?
2. 什么是清洁生产?
3. 简述绿色包装的设计原则。

绿色营销思维训练

1. 结合实例谈谈绿色设计对绿色产品开发的重要意义。
2. 请为苹果公司设计符合"绿色"标准的产品方案。

职业素养训练活动:——嘿哈

1. 活动规则

① 所有人围成一个大圈,三队队员交错站好。

② 任意队员开始冲左边或者右边队员拍手,同时喊出"嘿",被"嘿"的队员也可以任意向左边或右边队员拍手喊"哈",然后再"嘿哈"传递,反应时间超过一秒而未向下一队员传递的则被淘汰。

③ 淘汰的队员获得惩罚。

2. 训练目的

① 培养学生的反应能力与应变能力。

② 提高学生的注意力。

③ 加强学生的思维能力。

情景化训练

走访身边的超市、商场和专卖店,了解目前市场中存在的绿色包装,并阐述对某件绿色包装产品的认识。

第4章 以绿色价值为导向的价格体系

营销智慧

最后支配商品价格的是生产成本,而不像人们常常说的那样是供给与需求的比例。在商品的供给未按需求的增减而增减以前,供求比例固然可以暂时影响商品的市场价值,但这种影响只是暂时的。

——大卫·李嘉图

学习目标

1. 理解绿色定价的内涵,明确企业定价目标。
2. 分析并明确影响绿色定价体系的因素。
3. 掌握并运用绿色定价方法。
4. 熟悉并确定绿色定价策略。

能力目标

1. 培养对绿色成本的分析、估算能力。
2. 培养对消费者绿色需求的调研分析能力。
3. 培养对市场竞争情况的洞察能力。

课件资源

知识结构导图

全食超市的定价策略

全食超市以受过良好的高等教育的中高层收入群体为目标顾客，与经济型连锁超市形成了差异化市场定位，相应地，全食采取了高质高价的定价策略。这主要有两方面原因。

首先是有机食品的生产管理成本较高。以有机农作物为例，在耕种期间，因为不能施用化学肥料加速作物的生长进程，也不能使用农药或除草剂，使得有机农作物的生长周期长、折损率高、出产率低，从而增加了生产成本。此外，有机食品在加工、存储、运输各个环节的要求都比普通食品高很多，成本自然也高出很多。

价格高的第二个原因是全食在供应链和店面管理上投入了大量资源。为了在公众眼中塑造一个权威形象，让顾客认同它的品牌价值，全食自费聘请权威第三方认证机构完成对门店和供应商的资格认证工作。例如在 2009 年，全食所有门店均通过了 CCOF 认证（CCOF 成立于 1973 年，是美国最早、规模最大、最有声誉的有机认证组织），由 CCOF 负责对全食旗下门店的管理机制进行验证，每年还需重复查验。全食这样做以后，确实在顾客眼中树立了与沃尔玛等经济型大众超市截然不同的品牌形象。当人们想到沃尔玛时，第一个想到的是它低廉的价格。而当人们想到全食超市时，首先想到的是价格贵，有美国人调侃全食（Whole Foods）应该叫 Whole Paycheck（月薪花光光）；但是与此同时，顾客又觉得它贵得有道理，说明全食在价值导向上做得非常成功。

企业项目导入解读

企业基于绿色价值为导向的市场分析、市场调研，制定合适的绿色目标市场策略，在设计绿色产品之后，就需要为绿色产品进行定价。这就需要考虑企业绿色产品定价的目标是什么。在明确绿色定价目标的基础上，充分考虑绿色定价的影响因素有哪些，并选择合适的绿色定价方法，确定合适的绿色定价策略。如果企业绿色定价目标不够明确，绿色定价的影响因素考虑不够全面，没有选择适合企业的绿色定价方法和绿色定价策略，就会影响企业目标的实现。

本章主要介绍以绿色价值为导向的价格体系，在明确企业绿色定价目标的基础上，重点分析绿色定价的三个影响因素：绿色产品成本因素、绿色产品需求因素、绿色市场竞争因素。选择一个或多个合适的绿色定价方法，确定绿色定价策略，以实现企业的经营目标。

本章知识要点

4.1 明确企业绿色定价目标

绿色价格是指与绿色产品相适应的定价方式，它包括两方面内容：一方面是按照"环境和资源的有偿使用"原则，企业在生产绿色产品过程中为保护生态环境、维护消费者健康所发生的支出计入成本；另一方面是按照"污染者付费"的原则，通过征收污染费来增加非绿色产品经营成本，避免非绿色企业因污染环境而降低成本，取得成本优势和价格竞争力。

绿色产品不同于一般产品，绿色产品的价格是以传统的价格体系为基础，对传统价格体系中不利于环境保护和生态的价格因素进行调整和改革，将对生态环境的不利影响降到最低，使绿色价格体系比传统价格体系更加合理。企业制定合理的绿色价格是为实现企业营销战略目标服务的，因此应在明确企业营销目标的基础上展开。以绿色价值为导向的企业主张社会利益、经济利益、生态利益"三赢"原则，具体来说，主要包括以下几个目标。

4.1.1　塑造绿色企业形象

企业以自然资源、生态环境的可持续发展为目标，注重树立绿色环保、健康安全、节能降耗的绿色企业形象。企业及经营者注重社会效益、企业的社会责任。注重塑造绿色企业形象的企业在制定定价目标时，绿色价格要与绿色企业形象定位相一致，与绿色目标市场的客户需求相一致，这样，企业在消费者心目中就会树立良好的绿色企业形象。但是，如果企业的定价目标以单纯获利，甚至以谋取暴利为动机，质价不符，或者质次价高，企业就难以树立良好的形象。

4.1.2　追求利润最大化

当企业的绿色产品在市场上具有绝对优势时，企业总是希望制定一个能够实现当前利润最大化的价格。从企业的长远发展来看，追求利润最大化就需要企业不断提高技术水平，提高管理水平，降低产品成本，从而在竞争中取胜，这对企业、社会和消费者都有好处。但是，如果一个企业只考虑眼前经济利益，甚至不惜一切手段追求利润最大化，就会损害企业的绿色形象和声誉，无法实现长期可持续的发展。

4.1.3　提高绿色产品市场份额

提高自身的绿色产品在市场上的竞争地位，保证长期稳定的利润，提高市场占有率已成为企业的共同目标。为了实现这一目标，企业往往采取低价战略，使产品逐渐"渗透"到竞争对手的市场中去，扩大企业绿色产品的市场份额，增强企业的竞争力，最终实现利润最大化。但是，如果市场对价格不敏感，或者扩大生产和降低成本的可能性很小，那么采用这种低价策略是不适宜的。

4.1.4　适应价格竞争

以绿色价值为导向的企业在竞争激烈的市场环境中，为了适应竞争环境，往往采取"适应价格竞争"的定价策略。这不但要考虑与生产绿色产品的竞争对手之间的价格竞争问题，还需要考虑与生产一般产品的竞争对手之间的价格竞争问题。所以，为了适应市场环境中的价格竞争，当绿色产品成本和绿色产品需求发生变化时，只要竞争对手保持原价，以价值为导向的绿色企业也应保持原价不变；当竞争对手调整价格时，企业也及时调整价格，以应对市场竞争。

4.2　分析绿色定价的影响因素

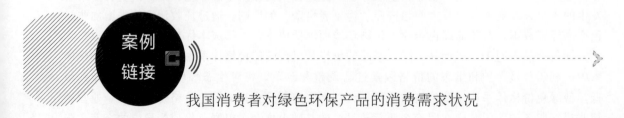

我国消费者对绿色环保产品的消费需求状况

随着我国消费者绿色环保意识的不断增强，消费者对各种绿色环保产品的需求呈现逐步上升趋势,其中,购买最多的是食品饮料类产品,其次是家居用品类产品,在众多的绿色环保产品中,消费者满意度较高的是食品饮料、个人护理和家用电器类产品。从购买频率来看,排序依次是食品饮料、家居生活用品、服装服饰、个人护理用品、婴童用品、家用电器、家具建材和办公用品。就绿色环保的重要性而言,该排序依次为食品饮料、家具建材、个人护理用品、婴童用品、家居生活用品、服装服饰、家用电器和办公用品。我国消费者对食品饮料、家居生活用品、个人护理用品、婴童用品、服装服饰、家用电器、家具建材的需要影响因素如表4-1到表4-7所示。

表4-1 我国消费者对食品饮料的需求影响因素

满意/不满意	需求影响因素
满意因素	① 比较安全,没有农药残留成分,比较健康 ② 有机蔬菜、水果的口感和色泽比普通的要好 ③ 绿色食品种类比较齐全,绿色标志清晰,可选择种类多
不满意因素	① 价格高,尤其是有机食品,有的产品要贵好几倍 ② 保质期短、食品饮料保鲜问题 ③ 生产过程不可追溯,无法查询,不够透明 ④ 食品是否真正绿色、有机不好辨识
期望改善因素	① 可以追溯食品来源,生产过程或处理流程、检验检疫更透明 ② 加大监管力度,有权威的认证标志可供消费者判断 ③ 有机产品的价格降低,更亲民

表4-2 我国消费者对家居生活用品的需求影响因素

满意/不满意	需求影响因素
满意因素	① 不伤手,刺激小 ② 功能满足要求 ③ 产品的性价比高
不满意因素	① 绿色环保类产品的清洁能力不如普通产品 ② 种类少,可选择品牌少,企业不太注重绿色环保宣传 ③ 有些产品价格高 ④ 购买渠道少
期望改善因素	① 增加绿色环保家居产品的销售渠道 ② 产品包装上增加明显的绿色环保标志,方便消费者辨别 ③ 企业要增加对绿色环保产品的宣传推广

表4-3 我国消费者对个人护理用品的需求影响因素

满意/不满意	需求影响因素
满意因素	① 植物护理产品效果明显 ② 没有添加化学物质,效果明显 ③ 大多数产品是大品牌、有绿色标志,成分无添加、无香料
不满意因素	① 标示绿色环保的产品系列少,选择少,有些产品没有绿色环保标志 ② 美妆护肤类产品种类少 ③ 产品更多强调功能,没加入绿色环保概念
期望改善因素	① 加强护肤品成分的透明度 ② 加强对销售渠道监管,加大假货打击力度 ③ 绿色环保的标志需要更清晰

表 4-4 我国消费者对婴童用品的需求影响因素

满意/不满意	需求影响因素
满意因素	① 种类众多,原材料、成分标识清楚 ② 使用效果明显 ③ 销售渠道多 ④ 环保产品使用起来更放心,对孩子健康有保证
不满意因素	国际品牌价格太高
期望改善因素	① 检测要更严格、标准级别更细化 ② 在规格、款式、外包装方面提供更多选择

表 4-5 我国消费者对服装服饰的需求影响因素

满意/不满意	需求影响因素
满意因素	① 面料舒适,穿着舒服 ② 材质标识清晰 ③ 品牌丰富,选择多
不满意因素	① 企业对服装中的甲醛含量及处理方式未给予宣传说明 ② 有些产品以假乱真,产品品质不可靠 ③ 服装的标识中未注明是否含有害物质
期望改善因素	① 除了说明成分外,还应增加环保标识 ② 增加认证机构的标志 ③ 增加适用于不同人群的规范标准

表 4-6 我国消费者对家用电器的需求影响因素

满意/不满意	需求影响因素
满意因素	① 能耗标识清楚 ② 家电行业知名品牌多,品质较好
不满意因素	① 一级能耗家电的价格偏高 ② 厂家夸大对能耗的宣传 ③ 小家电标注能耗情况不清晰,较难辨识
期望改善因素	① 小家电类产品也增加能耗标注 ② 能耗标准更透明、更准确

表 4-7 我国消费者对家具建材的需求影响因素

满意/不满意	需求影响因素
满意因素	① 自己有感受,连小孩子也闻不到什么味道 ② 测试甲醛在安全范围内
不满意因素	① 企业存在虚假宣传 ② 没有明确的绿色环保标准 ③ 存在装修污染
期望改善因素	① 增加建材的成分标识 ② 销售环节和渠道更公开透明,减少对消费者的欺骗和误导 ③ 增加环保家具的种类,并带有环保标志 ④ 增加产品查询/追溯信息

影响企业绿色定价的因素是多方面的，有企业的内部因素，也有企业的外部因素。在此重点讨论影响绿色定价的三个关键因素，包括绿色成本因素、绿色产品需求因素和绿色市场竞争因素。

4.2.1 绿色产品成本因素

传统的商品价格主要考虑商品的成本，比如生产成本、流通成本、税收等。成本因素是企业定价的基础，是商品价格的重要组成部分。绿色产品不同于一般产品，绿色产品成本具有可追溯性、分散性、生态效益性的特征。可追溯性主要是指根据相关法律规定，企业生产经营过程中不存在环境问题，企业应对过去和现在的环境污染问题负责。分散性主要是指绿色成本贯穿在企业的整个生产过程中，绿色成本主要分散在物资采购、产品生产、成品储存等各个方面。生态效益性主要是指生态环境的平衡将给人类生活带来更大的效益，保护环境可以有效地缓解人与自然的矛盾。绿色成本有利于生态系统的长期可持续发展。

因此，在传统商品价格体系的基础上，绿色产品成本除了原有的成本因素外，还需要考虑的成本包括：绿色产品的研发成本、使用绿色原材料的成本、清洁生产技术的改造成本、绿色产品认证和环境标志申请成本、设计和使用绿色包装成本、废物回收处理成本、因绿色营销增加的管理费用、为预防生态破坏或消除污染产生的保险费用开支、绿色产品追溯系统的建立成本等。

4.2.2 绿色产品需求因素

随着人们绿色意识的增强，绿色需求的范围越来越广，消费者的价格敏感性也随之发生了变化。因此，在绿色产品定价过程中，企业营销人员必须分析绿色需求对价格的影响，以指导企业制定合理的绿色产品价格。

4.2.2.1 绿色产品需求的价格敏感性因素

绿色产品需求的价格敏感性因素包括：产品绿色属性、绿色企业品牌形象、绿色沟通、消费者的素质和收入、国家法律制度和政策导向等。

（1）产品绿色属性　绿色产品由于减少或者消除了对消费者健康和环境产生的不利影响，消费者的价格敏感性可能降低。

（2）绿色企业品牌形象　对低碳节能、环保生态、消费者健康和安全比较关注的企业，更容易树立绿色企业品牌，其所生产的绿色产品，更可能获得自己的忠诚顾客。

（3）绿色沟通　企业通过各种沟通途径，将企业的绿色、环保、低碳、节能等知识和理念传播给消费者，建立企业绿色产品的认知，会获得绿色产品溢价。

（4）消费者的素质和收入　消费者素质不同，对环境问题的关注程度不同，必然导致对绿色产品不同的价格敏感程度。消费者收入是消费者消费预算的制约因素，这将明显影响消费者对绿色产品的价格敏感性。

（5）国家法律制度和政策导向　国家的法律制度和政策导向不同，企业的绿色产品研发、生产、绿色工艺创新等的程度会有差异，同时，消费者对绿色产品的价格敏感度也会受到影响。关于绿色生产、绿色产品消费的法律制度越严格，国家在绿色、低碳、环保方面的政策导向越强烈，越有利于促进企业生产绿色产品。同时，消费者对绿色产品的价格敏感度越弱，反之亦然。

4.2.2.2 绿色产品的需求规律

一般来说，商品成本影响商品价格，商品价格影响商品需求。经济学理论中的需求规律是指在相同条件下，商品价格与需求之间的反向关系，即价格下降，需求增加；价格上涨，需求减少。当某种商品的成本增加时价格也会增加，人们对它的需求就会减少。需求规律反映了商品需求变化与商品价格变化的一般关系。企业应充分了解需求规律，充分调查和考虑市场需求和客户反馈，制定出能够满足企业目标市场需求的价格。

需求价格弹性是市场商品需求量对于价格变动做出反应的敏感程度。通过分析市场的需求价格弹性，为绿色产品价格决策提供依据。弹性的大小一般用需求价格弹性系数（一般用字母 E_d）来表示。需求价格弹性是需求量变化的百分比与价格变化的百分比的比值，即 $E_d=(\Delta Q/Q)/(\Delta P/P)$，其中，$E_d$ 为需求价格弹性系数，$\Delta Q/Q$ 为需求量变化的百分比，$\Delta P/P$ 为价格变化的百分比。不同类型的商品对价格变化反应的敏感程度不同，因此具有不同的需求价格弹性。供求弹性的取值范围如表 4-8 所示。

表 4-8 供求弹性的取值范围

弹性值	表述用语	价格上升 1%	
		需求量变动	供给量变动
0	完全无弹性（垂直供求线）	0	0
0~1	缺少弹性	下降少于 1%	上升少于 1%
1	单位弹性	下降 1%	上升 1%
>1	有弹性	下降多于 1%	上升多于 1%
∞	完全弹性（接近水平供求线）	下降到 0	无限上升

总之，需求价格弹性对企业定价策略，特别是调价策略的制定有重要的影响。企业在制定产品价格时，应充分考虑市场需求因素。

4.2.3 绿色市场竞争因素

绿色产品的最高价格取决于市场的绿色需求，最低价格取决于绿色产品成本。在最高价格和最低价格幅度内，定价多少主要取决于绿色市场竞争因素。影响行业竞争结构及竞争强度的主要因素包括：行业内现有的提供绿色产品的企业，潜在的绿色产品生产者，提供替代品的企业、供应商等。绿色市场竞争环境分析，就是对这五种因素的分析。

具体来说，对行业内现有的提供绿色产品的企业进行分析，主要内容有行业内竞争的基本情况、主要竞争对手的实力、竞争对手的发展方向等。对潜在绿色产品生产者的研究主要包括现有企业可能做出的反应和由行业特点决定的进入难易程度。对提供替代品的企业的研究包括两方面内容：其一为确定哪些产品可以替代本企业提供的产品；其二为判断哪些类型的替代品可能对本行业和本企业的经营造成威胁。对供应商的分析包括供应商的供货能力或者企业寻找其他供货渠道的可能性以及供应商的讨价能力两方面。对消费者的分析则包括对市场需求潜力的研究和对有关用户讨价还价能力的研究两方面。总之，企业应充分研究这五种因素，根据目前市场竞争的程度、主要竞争对手的情况、本企业在市场上的竞争地位以及竞争对手所采取的价格策略制定出对自己有利的绿色价格策略。

综上所述,影响绿色价格制定的主要方面包括绿色产品成本、绿色产品需求、绿色市场竞争。绿色产品成本规定了绿色价格的最底线,顾客绿色需求是绿色价格的最高限度,竞争者的价格则是产品定价的标定点。高于绿色价格上限,几乎没有需求;低于绿色价格下限,没有利润。如图 4-1 所示。

图 4-1 制定价格过程中的 3C 模式

除了上述三个主要因素之外,企业制定绿色价格还需要考虑国家及地方政府的有关政策和法规、分销渠道、消费者心理等其他因素。比如新能源汽车刚刚开始制造的初步阶段,因为生产技术有限,制造的成本很高,加上市场并不稳定,国家制定了一系列的新能源汽车的补贴、优惠政策,这在一定程度上降低了新能源汽车的绿色成本,所以,新能源汽车制造企业会根据这些政策制定合适的绿色产品价格。电子商务销售渠道相比于传统的销售渠道具有地域、时空优势,大大节约了成本,同时,可以通过减少中间环节,直接面对消费者,降低了供应商和消费者的交易费用,所以,不同的企业因分销渠道的不同,会影响到产品成本。随着社会的变迁,社会消费价值观念的变化,每一个潜在消费者的消费心理和消费动机趋向于动态化、多元化。所以,作为生产绿色产品的企业,在进行绿色产品定价时,除了应该考虑绿色产品成本、绿色产品需求、绿色市场竞争,还应该考虑国际及地方政府的有关政策、法规以及分销渠道和消费者心理等因素。

从日本天价"越光大米"看绿色产品的消费需求

"越光大米"是日本新潟县独有的大米,它对生长的环境气候、土壤、水质等要求极为严苛。再加上日本农民重视农业生态和环保,"越光大米"不用任何化肥、农药,产量也不多。"越光大米"颗粒圆润,色泽洁白通透,做成米饭后弹性好、有嚼头,且具有相当好的黏性。此大米被日本谷物检定协会评定为特 A 级大米,这也是日本国内对于谷物鉴定的最高级别。因此,"越光大米"享有"世界米王"的称号。

2007 年 7 月,中粮集团进口了日本新潟县产的"越光"和宫城县产的"一见钟情",共 24 吨,分别在北京和上海市场投放,每千克售价 99 元,不到一个月时间就销售一空,当时被称为天价大米,这相当于中国大米 10～30 倍的价格,一度引起轰动,也引发了媒体对"越光"米的关注。2008 年 2 月底,中粮集团进口的 40 吨新潟县产"越光"和 10 吨宫城县产"一见钟情"投放广州市场,价格不变,分别是每袋(2 千克)198 元和每袋(2 千克)188 元。此后,"越光大米"在中国的知名度日益提高,以至于相当多东游日本的中国人回国时都要背上几袋"越光大米"。一流的寿司店、米其林餐厅,都会标榜自家用的米是"越光大米"。

近些年以来,日本大米一直拿原生态、高品质争夺我国的市场份额。2017 年,日本面向中国的大米出口量约 298 吨,出口量虽少但还有很大的增长空间。

综上,"越光大米"到底贵不贵?需要分几个角度来看:从普通大米消费者的角度来说,的确是贵得离谱。但是如果说换个角度,从对绿色有机、稀缺性商品体验的角度来看,确实有吸引人想要尝试体验的点,并且其定价并未高到一个普通人无法承担的标准。从礼品赠礼的角度来说,不仅有"产品故事",还有华丽的包装。从消费者的消费心理的角度看,部分消费者可能是希望"成为第一个吃螃蟹的人",在这样的消费心理驱使之下,消费者购买的已经不是商品本身,而是获得一种心理满足。

4.3 选择绿色定价方法

新能源汽车定价多少合适?

如何根据用户需求进行产品定价?

成本高、续航不足、充电难已成为新能源汽车推广面临的三大瓶颈问题。但是随着电池价格的不断下降,新能源汽车的价格将会逐步下降。从用户的角度来看,如果新能源汽车的价格能够与相应的燃油汽车价格相当,甚至更便宜,才会更容易被用户接受。如图 4-2、图 4-3。

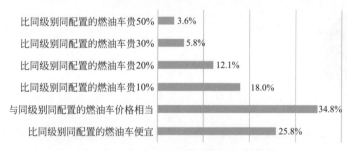

图 4-2 用户对新能源汽车价格的期望

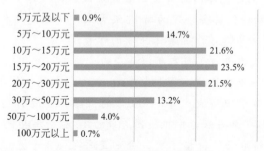

图 4-3 新能源汽车的购买预算

用户对新能源汽车的购买预算主要集中在 10 万～30 万元，接近传统燃油汽车的价格区间。增换购用户的新能源购车预算相对更高，消费升级趋势明显。如图 4-4～图 4-7。

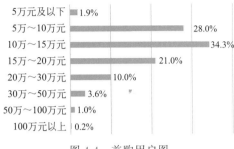

图 4-4　首购用户图

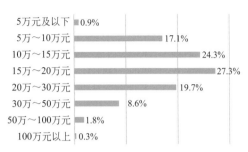

图 4-5　中国品牌增换购用户

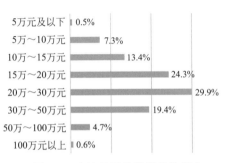

图 4-6　主流外国品牌增换购用户

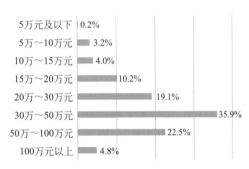

图 4-7　豪华品牌增换购用户

根据对不同人群对新能源汽车接受程度的分析结果表明，实际上，影响用户对新能源汽车接受程度的最大因素是用户体验能否完全取代传统燃料汽车。根据调查结果，用户普遍认为，当新能源汽车实际续航里程达到 500 公里时，就可以接受。当新能源汽车的实际行驶里程达到 600 公里时，就可以替代燃油汽车。对于新能源汽车的充电时间方面，用户可以接受低于 2 小时的水平。

新能源汽车市场竞争格局进一步细分

新能源汽车行业正处于从培育期向成长期过渡的阶段，市场竞争格局每年都会发生很大变化。2018 年 8 月，入门级纯电动汽车市场的参与者最多，竞争也最激烈。中端插电式混合动力和纯电动汽车之间的市场划分并不明显，出现了"混战"的局面。然而，到了 2018 年 8 月，市场格局进一步细分，竞争重心从入门级转向中端汽车市场，豪华新能源汽车阵营也在扩大。国内新能源汽车企业面临着日益复杂的竞争环境。越来越多的用户将新能源汽车与燃油汽车相比较，一方面，这表示用户在考虑购买新能源汽车时，会对标燃油汽车产品，有同样标准的需求；另一方面，这也意味着新能源汽车产品的竞争力越来越强，逐渐与燃油汽车产品展开抗衡，并将在未来加速抢占燃油汽车的市场份额。

由于影响企业绿色定价的三个关键因素是绿色成本因素、绿色产品需求因素和绿色市场竞争因素。因此，以绿色价值为导向的定价方法，就是以绿色产品成本、绿色产品需求、绿色市场竞争者的同类商品价格为依据来确定自己的商品价格。本部分重点介绍绿色成本导向定价法、绿色产品需求导向定价法和绿色市场竞争导向定价法。

4.3.1 绿色产品成本导向定价法

绿色产品成本导向定价法是以绿色产品的成本为中心,制定对企业最有利的价格的一种定价方法。以绿色价值为导向的企业除了考虑收回企业在绿色产品生产经营中投入的全部成本,获得一定的利润之外,更加强调低碳、节能、环保的管理理念,注重提高经营管理效率,不断降低各项成本、费用,从而获得最大化的利润。成本导向定价法主要包括两种方法:绿色产品成本加成定价法、目标利润定价法。

4.3.1.1 绿色产品成本加成定价法

绿色产品成本加成定价法是在单位绿色产品成本的基础上,加上一定比例预期利润构成价格的方法。其计算公式为:

$$单位绿色产品定价 = 单位绿色产品成本 \times (1 + 绿色成本利润率)$$

其中,$绿色成本利润率 = \dfrac{预期利润}{总成本} \times 100\%$。

绿色成本加成定价法具有计算简单的优点,可以保证企业生产经营的绿色产品成本得到补偿,获得合理的利润。该方法主要适用于生产正常、经营合理的企业,以及供需平衡、成本相对稳定的产品。然而,这种定价方法缺乏对绿色市场竞争和绿色产品供求变化的适应性。同时,对绿色成本、利息、税金进行了重复计算,定价具有主观性和任意性。

4.3.1.2 目标利润定价法

目标利润定价法是根据盈亏平衡点总成本、目标利润和预期总销量确定绿色产品价格的一种方法。其计算公式为:

$$销售单价 = (总成本 + 目标利润) / 预期总销售量$$

采用目标利润定价法的前提是绿色产品的市场潜力大,绿色产品需求的价格弹性不大,按目标利润确定的绿色产品价格一定能被市场所接受。

4.3.2 绿色产品需求导向定价法

绿色产品需求导向定价是指根据消费者对同一绿色产品或服务的不同需求强度,制定不同价格的方法。绿色产品需求导向定价法主要包括认知价值定价法和需求差异定价法。

4.3.2.1 认知价值定价法

认知价值定价法是企业根据消费者对绿色产品或服务的认知价值进行定价的一种方法。认知价值是指顾客观念上形成的价值,而不是绿色产品的实际价值。以绿色价值为导向的企业应充分挖掘和发现自身绿色产品的价值,尽可能地提高消费者对绿色产品的认知价值,从而为高价格战略奠定坚实的基础和可实施的依据。企业根据其绿色产品的差异、所面临的竞争和市场细分,确定其绿色产品在市场上的认知价值,以该认知价值定价。

4.3.2.2 需求差异定价法

需求差异定价法是指根据消费者对同种绿色产品或服务的不同需求强度，制定不同的价格的方法。也就是说，价格差异并非取决于绿色成本的多少，而是取决于顾客需求的差异。以绿色价值为导向的企业应根据需求强度的不同对目标市场进行合理细分，针对绿色产品需求强度的不同制定不同的价格，取得竞争优势的同时，获取最大化的目标利润。需求定价法主要包括四种方式：基于顾客差异的差别定价、基于不同地理位置的差别定价、基于产品差异的差别定价、基于时间差异的差别定价。

在采用需求差异定价方法时，应注意以下问题：①对目标市场进行合理细分，且细分市场需求强度存在明显差异；②在高价格市场上不能有低价竞争对手；③适度的价格差异不会引起消费者的反感。

4.3.3 绿色市场竞争导向定价法

绿色市场竞争定价法是以竞争对手的价值为基础，研究竞争对手的商品价格、生产条件和服务条件，确定绿色产品的价格，其特点是随着竞争条件的变化，确定和调整价格水平。它主要包括随行就市定价法、竞争价格定价法。

4.3.3.1 随行就市定价法

随行就市定价法是指在一个竞争比较激烈的行业中，企业根据市场的竞争格局，与行业中现行市场价格水平保持一致的一种定价方法。

随行就市定价法比较简单，无须对成本和需求作详细了解，可以避免挑起价格竞争，制定的价格容易被消费者所接受。该方法的主要缺点是适应性有限，不适应大型企业，因其难以应对市场领导者率先发起的价格变动。

4.3.3.2 竞争价格定价法

竞争价格定价法是根据行业竞争情况和企业绿色产品与竞争对手之间的差异来确定价格的一种定价方法。这是一种主动竞争的定价方法，一般被实力雄厚或者产品独具特色的企业所采用。

以绿色价值为导向的企业采用竞争价格定价法时，首先，将市场上竞争产品价格与企业估算价格进行比较。其次，将本企业产品的性能、质量、成本等与竞争企业进行比较，分析造成价格差异的原因。再次，根据制定的综合指标确定本企业产品的特色、优势及市场定位，在此基础上，按定价所要达到的目标确定产品价格。最后，跟踪竞争产品的价格变化，及时分析原因，相应调整本企业的产品价格。

一般来说，当本企业产品存在明显优势，产品需求价格弹性较小时，可采用高于竞争对手的价格。在市场竞争激烈，产品不存在显著差别的情况下，可以采用等于竞争对手的价格。在企业具备较强的资金实力，能应付竞相降价的后果且需求价格弹性较大时可采用低于竞争对手的价格。

当企业的绿色产品具有明显的优势，产品需求的价格弹性较小时，可以采用高于竞争对手的价格。当市场竞争激烈，绿色产品之间没有显著差异时，可以采用与竞争对手相同的价格。在企业具备较强的资金实力，能够应对竞争性降价的后果，并且需求的价格弹性较大时，可以采用低于竞争对手的价格。

欧普照明在行业混战中脱颖而出的成功范式

抓住市场契机走节能路线

欧普照明成立于1996年，公司在创业时就以节能为发展的大方向。根据计算，一只10W的节能灯可以代替一只50W的白炽灯，其使用寿命约为6000小时。这样，节能灯每年可节省电费28元，寿命期可节省115元。节能灯给消费者带来利益，最终也会给企业创造利益。然而，由于节能灯市场份额小、成本高、规模小、价格高，使得节能灯市场出现了"叫好不叫座"的尴尬局面。欧普照明经历了一场残酷的价格战，欧普照明批发的经销商总是嫌产品价格太高，所以转向其他厂家。但欧普照明坚称："节能灯是依靠节约能源为消费者省钱，使用劣质原材料可以将价格降低一半，但这样做，节能灯的节能效果就会打折，只要保证产品的质量，在未来最赚钱的一定是我们！"因此，1997年，欧普照明第一款节能产品"绿明"正式推出，价格为16元/只。虽然价格稍高，但经受住了市场的考验，当年的销售收入超过投资成本数十倍。

LED照明转型前锋成为龙头企业

从2013年以来，LED照明技术进步加速，成本有效降低。欧普照明加快了产品转型步伐，积极开展LED转型。2014年初，公司LED销售占比相对较低，但到年底，该比例已超过50%。2015年，公司基本完成转型，成为中国LED照明转型当之无愧的先行者。截至2018年，该公司的LED产品占其收入的90%以上。如下图4-8所示。

图4-8　2014—2018年欧普照明业绩表现情况

行业混战主打薄利多销

在LED照明灯普及之前，灯具并没有明确的品牌认知度。进入LED时代后，行业门槛提高，集中度不断提高。然而，整个行业仍处于混乱的竞争状态。行业处于"薄利多销"的竞争阶段。欧普作为行业内规模最大的龙头企业，市场份额仅占5%左右。随着国外品牌的退出和国内中小制造商的加速破产，欧普受益于行业集中度的不断提升。

制造端规模效益造就产品性价比

为快速抢占市场份额，2018年欧普照明公司对产品采取了价格战战略，降价产品占公司整体销售收入的10%~20%，降价幅度为10%~20%。就产品本身而言，照明产品如吸顶灯、装饰灯等很难实现外观上的差异化竞争，叠加欧普主要定位做装饰灯中的标准化产品，不追求特别的差异化，因此从消费者的角度来看几乎就是同质化竞争。欧普的主要优势在于可以通过制造端的规模效应来节约成本，从而实现产品较高的性价比。

4.4 确定绿色定价策略

君乐宝有机奶粉"优萃"新产品定价策略

2020年3月11日,君乐宝宣布进军有机奶粉市场,并推出了首款有机奶粉——君乐宝优萃。该款产品的售价为每罐(800克规格)329元,整箱买六赠一,折合计算每罐仅282元。目前,市场上规格相近的有机奶粉的价格基本都在300~400元不等,对比之下,君乐宝走的是"高质低价"路线,打破了有机奶粉"低质高价"的格局。君乐宝的目标策略很明确,就是瞄准对价格敏感同时又希望买到品质更好的产品的消费群。"优萃"的定价策略很成功,从销售数据来看,受到了渠道、门店和消费者的认可与信赖,该产品上市首月订单过亿。

以绿色价值为导向的定价策略是指企业在特定的情况下,在明确的绿色产品定价目标基础上,充分考虑绿色定价影响因素,选择合适的绿色定价方法,采取不同的绿色定价策略,以实现企业的经营目标。按照不同的划分标准,绿色定价策略类型有很多种,本部分重点介绍绿色新产品定价策略、绿色产品差别定价策略、绿色产品竞争定价策略、绿色产品认知价值定价策略和绿色产品组合定价策略。

4.4.1 绿色新产品定价策略

绿色新产品定价策略包括:绿色新产品撇脂定价策略、绿色新产品渗透定价策略等。

4.4.1.1 绿色新产品的撇脂定价策略

绿色新产品的撇脂定价策略是指绿色产品投入市场时,采取尽可能高的价格策略,以尽快收回绿色成本,并获得相应利润。

这种定价策略适用条件是:

① 产品有鲜明的"绿色特质";

② 面对的是一个绿色消费意识浓厚的市场,对价格不是很敏感;

③ 其"绿色工艺"受专利保护。

这种策略的优点是价格相对较高。它不仅能尽快收回开发绿色新产品的成本,而且能获得可观的利润。在竞争对手开发出同类产品后,可以快速采取降价策略。这种策略一方面可以限制竞争对手的参与,另一方面也符合消费者对待价格由高到低的心理。

4.4.1.2 绿色新产品的渗透定价策略

当绿色产品投入市场时,也可采用渗透定价策略,即用相对较低的价格,吸引较多的顾客,提高市场占有率。

这种定价策略适用的条件是:

① 该种绿色产品的潜在顾客较多,市场较大,这种潜在需求,将随着绿色市场的培育

转变为现实需求；

② 企业的绿色产品生产成本和经营费用会随着生产经营经验的累积而下降，可取得成本效应；

③ 随着销量增加和市场占有率的扩大，单位产品成本会下降，可取得规模经济效果；

④ 采取渗透定价的绿色产品的市场需求一般对价格较为敏感，低价能够刺激购买，唤起绿色消费意识；

⑤ 渗透定价要有一个比较好的竞争环境，即低价不会引起竞争强化的威胁。

企业采用绿色新产品的渗透定价策略的优势是可以占据更大的市场份额，通过增加销售量获得利润，并容易获得销售渠道成员的支持。低价格和低利润可以阻止竞争对手的介入。

4.4.2　绿色产品差别定价策略

绿色产品差别定价策略，又称价格歧视，是指根据消费者需求的强度和对绿色产品的了解程度，采用不同的价格，这种产品的成本是相同的，也就是说，绿色产品的利润随消费群体的不同而变化。

在国际营销中，企业可以采用绿色产品的差别定价策略。由于不同国家的社会经济发展水平、人们的文化程度和收入差异很大，企业在国际市场上对不同的子市场采取不同的价格，不仅扩大了销售，而且保证了一定的利润。例如，英国、法国和美国等发达国家的绿色产品可以制定高价策略，而在一些发展中国家可以采取低价策略。

对绿色产品进行差别定价时，需要注意的是：过高的价格可能影响其竞争力，过低的价格可能导致低价竞销甚至违规，我们应该分析和评估目标市场的营销环境，采取适宜的定价策略。

4.4.3　绿色产品竞争定价策略

绿色产品竞争定价策略是基于竞争对手的产品来确定其产品的价格，特别是在绿色产品相对稀缺的情况下采取这种定价方法。竞争定价策略虽然也考虑了绿色产品的成本和市场需求，但主要依据是竞争性产品的价格，即根据市场上相同或相似的绿色产品价格水平来定价。但是，绿色产品竞争定价策略的应用有其特殊意义。

第一，竞争对手之间通过保持相同或相似的价格可以发展和壮大某些绿色产业，特别是那些投资较大、利润较低、见效益较慢、较为脆弱的绿色产业，如生态农业等。

第二，对于一些经济效益较差，但是对于整个社会效益、生态效益有重大作用的行业，如环保行业，竞争对手之间可以采取战略联盟，采取相同的价格策略，以避免价格战，损害整个行业。

第三，对于一些生产资源稀缺的行业，竞争对手之间应签订价格协议，以限制需求，控制供应，保持行业的长期发展。

"褚橙"的竞争定价策略

"褚橙"是因昔日"烟王"褚时健种植而得名。为了使"褚橙"在市场上取得竞争优势，"褚橙"品牌运营团队深入挖掘消费者对于优质绿色农产品的消费心理，采用了高额定价策略，先树立产品价值，再采用折扣促销的方式拉动销售量。根据2020年"褚橙"官方的最新报价，2020年"褚橙"三个不同等级XL（大）、L（中）、M（小）的零售价格分别是每500克16.8元、14.8元、12.8元。按照"褚橙"最大的折扣零售价，比市场上传统优质甜橙的价格高30%～50%，虽然"褚橙"价格高，却依然供不应求。

4.4.4 绿色产品认知价值定价策略

绿色产品认知价值定价策略，也称"感受绿色价值定价法""理解绿色价值定价法"。这种定价方法认为，某一绿色产品的性能、质量、服务、品牌、包装和价格等，在消费者心目中都有一定的认识和评价。消费者往往根据他们对绿色产品的认识、感受或理解以及综合购物经验、对市场行情和同类产品的了解而对价格作出评判。当商品价格水平与消费者对商品价值的理解水平大体一致时，消费者就会接受这种价格，反之，消费者就不会接受这个价格，商品就卖不出去。这种定价策略是一种以顾客为导向的定价策略。

绿色产品的认知价值定价策略是将价格变量与其他营销组合变量进行协调，以实现增加销量的目的。企业通过对绿色产品的定位、绿色产品的推广、企业绿色形象的塑造，使消费者在心目中确立独特的认知价值。企业可根据消费者的认知价值确定相应产品的价格。认知价值定价的关键是协调营销组合中的价格要素和非价格要素，保持两者之间的高度一致性。首先是使顾客期望与产品体验价值相一致，即在绿色促销推广中，所传达的好处应与产品体验价值相一致，以使顾客满意。其次，产品定价与顾客感知价值相一致，使顾客感受到物有所值。

纯电动汽车 MPV G50 由你创造　由你定价

上汽大通的 C2B 模式

2017年上海国际车展上，上汽大通推出了首款C2B模式的车型。C2B即Customer To Business，它与B2C的模式相反，简言之即是"用户驱动企业生产"的一种"定制化"模式。在C2B模式下，消费者根据自身需求定制产品或主动参与到产品设计的过程当中，而生产企业会根据需求来进行定制化生产。C2B模式本质就是按需定制。目前，上汽大通旗下全部车型都已加入C2B定制行列。用户只需要通过"蜘蛛智选"智能选配器，在线选择自己的"心水"车型，然后在裸车的基础上添加自己需要的配置，使用户不仅能享受靠谱、省心的服务，还圆了自己追求高端丰富配置的梦。

纯电动汽车 MPV G50 智能化定制与顾客认知价值定价

2018年8月8日，上汽大通全新MPV G50正式发布，新车提供5～8座的座椅布局，拥有丰富的可定制选装的配置。大通G50延续了C2B造车理念，开发过程中充分收集了用户建议，造车过程对用户全透明，车型名字也是由用户投票获得的。用户可以在大通"蜘蛛智选"平台实现全自主选车，还能实时查看车辆生产进度。

上汽大通MPV G50定价活动也在发布现场正式启动，将G50的定价权交给了用户，通过用户投票的形式选出他们自己心目中的价格。这是真正以消费者为核心，让用户可以根据自己的价值认同，在能承受的预算内随心定制。

4.4.5　绿色产品组合定价策略

在绿色营销中，为了减少资源浪费，提高资源利用率，必须实施资源综合利用。对于矿产资源中共生矿物、伴生矿物等多种用途的自然资源，需要进行综合开发和加工，其他资源不能作为废物而废弃。同时，还应提高废弃物的回收率、综合利用率，将其变废为宝。这必然要求企业改变产品结构，即产品组合。这就需要建立适合绿色消费的产品结构。产品结构的变化，要求企业实施绿色产品组合定价策略。

传统的产品组合定价是在不考虑生态环境的情况下，基于产品系列的需求与成本之间的内在相关性进行定价。绿色产品组合定价策略不同于传统的产品组合定价策略。绿色产品组合定价策略是一种基于绿色产品需求、绿色产品生产成本和绿色产品生产资源利用内在相关性的定价策略。一般来说，需求旺盛的绿色产品，如健康、安全、无毒、无害的产品，价格相对较高。为了提高副产品的资源利用率，或减轻环境压力，在绿色产品生产过程中，可对废物回收产生的、有利用价值的副产品实行低价策略，甚至低于成本价出售。可以看出，绿色产品组合的定价策略实际上是发挥价格调节作用，建立合理的消费结构，从而减少资源消耗，践行绿色营销理念，协调企业、消费者与生态环境的关系，实现企业可持续经营与发展目标的策略。

综上所述，由于绿色产品价格包含环境成本，因此高于普通同类产品的价格。

这种更高的绿色产品价格是市场上的一把双刃剑。一方面，绿色产品价格高于一般价格，符合其绿色价值的高品质形象，有利于提高产品的竞争力，符合消费者"高质高价"的心理。另一方面，绿色产品价格中的大量绿色成本都转嫁给了消费者，而普通消费者的心理仍然希望产品价格相对便宜，因此有时绿色产品因价格较高会失去部分消费者。因此，企业必须根据各种绿色产品和消费者的特点，采取适当的定价策略。

"贵族"牛奶"特仑苏"的价格策略

蒙牛针对不同的目标市场，采用不同的价格策略，在低端市场上，采用竞争性定价策略，确保在主要竞争对手中保持竞争优势；而在中高端市场上，蒙牛采用高价策略，通过产品的高质量和差异化获得消费者的满意和忠诚，从而赢得更大的利润空间。"特仑苏"是蒙牛旗下的牛奶品牌，通过采用专属牧场的高品质奶源，以及坚持业内高标准的原料甄选和生产工艺，为消费者提供至高品质的营养，并逐步成长为全球销量领先的高端牛奶品牌，其品牌标语"不是所有牛奶都叫特仑苏"家喻户晓。蒙牛坚持优质高价的策略，所以，蒙牛的"特仑苏"在市场中采用高价策略。在高端奶制品上，蒙牛从不轻易与竞争对手打价格战。特仑苏产品分类及定价见表4-9。

表 4-9 特仑苏产品分类及定价

特仑苏产品	产品特点	价格
纯牛奶	每 100 毫升牛奶有高达 3.6 克的天然优质乳蛋白和 120 毫克天然高钙;天然乳蛋白 3.6 克,比国家标准高出 20.3%;天然乳钙 120 毫克,符合国家高钙奶标准	65 元/箱 (250 毫升×12)
低脂奶	天然优质乳蛋白含量 3.3 克,比国家标准高出 13.8%;同时脂肪含量比一般款少 50%以上	59.9 元/箱 (250 毫升×12)
有机奶	专属有机牧场,天然乳蛋白 3.3 克,比国家标准高出 13.8%;生产、加工符合有机产品标准	80 元/箱 (250 毫升×12)
谷粒牛奶	选用澳洲进口燕麦,富含人体所需的蛋白质和膳食纤维,搭配特仑苏专属牧场蛋白质 3.3 克的牛奶,多重营养平衡膳食	78 元/箱 (250 毫升×12)

营销训练

知识要点训练

1. 什么是"三赢"原则?
2. 影响企业绿色定价的因素有哪些?
3. 什么是以绿色价值为导向的企业定价策略?有哪些主要的类型?

绿色营销思维训练

1. 结合实例谈谈如何降低绿色产品的成本?
2. 结合实例谈谈绿色产品组合定价策略的应用。

情景化训练

以小组为单位,以某一企业的绿色产品作为分析对象,基于市场调研,考虑绿色定价的影响因素,确定其绿色定价目标,选择适合的绿色定价方法,并为企业制定绿色定价策略。

撰写项目报告,并以公开演讲的形式分享项目成果。

第5章

以绿色价值为导向的营销渠道

课件资源

营销智慧

> 营销渠道决策是管理层面临的重要的决策,公司所选择的渠道将直接影响其他所有营销决策。
>
> ——菲利普·科特勒

学习目标

1. 了解绿色营销渠道概念。
2. 了解绿色营销渠道的特征。
3. 掌握选择绿色渠道供应商的方法。

能力目标

1. 掌握绿色渠道选择策略和技巧,具备一定的渠道开拓能力。
2. 能够运用绿色渠道模式和绿色渠道管理的相关理论,提出制定绿色营销策略的建议。
3. 能够根据企业的经营现状,提出符合企业实操的线上绿色渠道构建模式。

知识结构导图

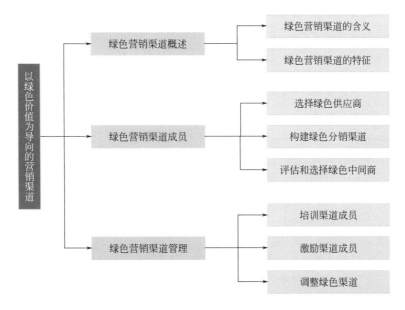

盒马鲜生带来的绿色农产品绿色销售渠道

盒马鲜生是阿里旗下的泛生鲜零售新物种,以线上线下融合和业态创新为主要经营特征。截至 2018 年 3 月,盒马在全国共有门店 36 家,覆盖北京、上海、深圳、杭州、苏州、宁波、成都、福州、贵阳等 9 个城市。2018 年 3 月 28 日,盒马鲜生与 13 家全国性地产商签订新零售战略合作协议,作为零售新业态盘活商业地产价值的重要尝试。新零售经营比较分析见表 5-1。

表 5-1 新零售经营比较分析

对比项目	盒马鲜生	多点(DMALL)	每日优鲜
模式	线上+线下	线上+线下	线上
终端	线上:盒马 App 线下:13 家盒马门店	线上:多点 App 线下:与商超合作,超市门店提供多点订单自提;物美超市与多点的会员体系正式打通	线上:每日优鲜 App
合作投资方	阿里巴巴等	妖媚、美廉美、新华百货等	腾讯等
SKU	SKU5000+	—	精选,SKU 约 500
配送	配送半径 5 公里内 30 分钟内快速送盒马门店为前置仓	配送半径门店 5 公里内 2 小时送达 合作卖场后设置有 30~50 平方米的专属前置仓	全城配送 2 小时送达 自建前置仓
覆盖区域	上海、北京、宁波	北京、天津、河北、上海、浙江	北京、上海、广州等
支付方式	支付宝	美通卡/货到付款/微信支付/支付宝/银行卡/ApplePay/现金	微信/支付宝

就经营模式而言，盒马鲜生区别于传统生鲜零售渠道和纯线上生鲜电商；盒马鲜生采用"门店（超市+餐饮）+线上模式"，通过打通线上线下及业态创新融合，为消费者提供即时便捷、高品质、场景化的泛生鲜消费解决方案。以下分别从消费需求视角与零售行业视角，对盒马鲜生提供的解决方案与经营模式重塑进行分析。

商业模式说明

1. 目标客户：25~35 岁的互联网用户，集中在女性。

2. 客户特点：对商品的新鲜度和品质是第一要求，对服务看得很重要。对价格的敏感度反而不高，所以盒马鲜生不提倡价格战。

3. 核心资源优势

（1）降低价格　源头直采，由于没有了中间环节，所以菜品在保证新鲜度的前提下也降低了价格。

（2）降低毛利率　传统超市销售海鲜的通常损耗很大，将损耗这部分的毛利放在定价里面，一般定价要高 50%。盒马鲜生源头直采以后，把这部分比例去除掉，可以更好地让利给消费者。

（3）提高新鲜度　源头直采可使价格降低，还能够保持新鲜度（不论牛奶、海鲜还是蔬菜，足够新鲜是它们的核心价值）。

（4）保鲜包装　盒马鲜生利用贴体技术的包装让菜品能足够新鲜。

（5）物流配送　基于超市做 3 公里物流配送，可以用常温配送替代冷链物流，成本可控。

（6）共担仓储成本　盒马鲜生在全国已经开了 13 家店，电商与线下零售可以共担物流仓储成本，线上订单增大之后，只需根据订单量增加电动车、保温箱、配送员即可。

盒马的新物流，从源头基地到门店，中间当然也会有 DC 大仓。但在商品的物流状态中，门店前的商品，都是以整个托盘的集约模式，用大卡货车集中配送到门店。

由此可以带来一些关于"绿农"平台的经营方式的构想，搭建 B2B 平台，成熟的农产品采用直接在平台上卖给消费者的绿色扁平化渠道，避免了中间商赚取差价，极大地降低了成本，也极大节省了蔬菜从田间到餐桌的时间，从而极大保证了蔬菜的新鲜度，价格和新鲜度势必会是极大的优势，结合推荐算法，"绿农"是非常方便的平台。

企业项目导入解读

绿色营销渠道是绿色营销的重要组成部分，从原材料采购、产品设计生产、商品流通销售和废旧回收等环节构建绿色营销渠道。全渠道传递绿色理念、树立绿色形象、满足消费者绿色诉求，提升渠道竞争力。典型案例如阿里旗下盒马鲜生，在新零售背景下采用线上线下融合和业态创新为主要经营特征的商业模式，搭建 B2B 平台，建立直接在平台上卖给消费者的绿色扁平化渠道，形成价格和新鲜度等方面的竞争优势。

本章我们将探寻以绿色价值为导向的营销渠道，对绿色营销渠道概念进行阐述，使学生了解高效的绿色分销渠道模式，学会分析、选择和评估绿色渠道成员，并对绿色营销渠道进行有效管理。

本章知识要点

百果园：从做最好吃的水果到进军大生鲜

生鲜一直是零售电商领域最难啃的骨头，但随着各细分赛道的成熟和窗口期的消失，少有人啃的硬骨头，却成为消费领域的最后一片"蓝海"。而超高频刚需的特点，也注定了这个赛道将成为商家的必争之地。所以在2019年生鲜成为阿里、腾讯以及一线机构等主流市场的核心关注方向之一。

2019年百果园也发布了大生鲜战略，这家创立于2001年的"水果专卖店"宣布进军生鲜领域。如今，百果园覆盖了全国70多个城市的3700多家社区门店，这将是百果园进军大生鲜最大的利器。

百果园的逻辑是，从水果这个号称世界上最难做的单品开始，搭建一个全国性的庞大销售网络，并且这个销售网络是以贴近社区的、最符合生鲜销售的、线上线下一体化的社区店模式为基础的。

截至2019年底，百果园的网络里已经有3700家门店，未来要在中国开3万家门店；已经有4500万个会员，未来可能拥有3亿个会员。拥有的这些会员，都是与百果园建立了深度信任的，追求高品质的会员，这是百果园花费十八年才建立起来的基础。百果园有理由相信，通过从水果这个品类切入，从好水果过渡到好蔬菜，从好蔬菜过渡到好粮油，从好粮油过渡到好食品，是能够成立的。

百果园的核心竞争力，概括来讲有三点优势。

第一，长期积累的深度会员。这些会员是百果园信心的来源。

第二，低成本高质量的流量。百果园所拥有的3700个网点可以保证百果园生鲜商品的及时交付，百果园不是店模式，不是仓模式，而是店仓一体化模式。这接近4000家店就是免费的仓，这会为百果园带来极高的效率。别的竞争对手需要花重金建仓，但他们已经有了零成本的，可以带来流量的，有品牌支撑的仓。

第三，深耕多年的供应链。百果园发展到今天，得益于他们很早就认识到供应链的重要性，目前在供应链的生产端上已经有了很深的积累。

而好食品不是他们选出来的，是种出来的，是养出来的，是生产出来的，所以供应链的核心在生产端。百果园在供应链生产端的核心是种植保障系统，有了好的种植，才有好的养殖，才有好的加工，所以整个食品领域的根基在种植。

百果园在种植领域已经积累了十几年，在2015年引入了世界上先进的种植系统——日本"BLOF"有机种植系统。通过这套系统可以保证百果园做到"三高一低",即高品质、高营养、高产量、低成本。就像科技帮助亚马逊打造核心竞争力,这套种植保证系统将会帮助百果园打造属于自己的核心竞争力。

百果园已经布局近二十年,积累了深厚的基础,所以有理由相信凭借核心竞争力的支撑他们有可能、有能力拿下大生鲜。

在产品开发上,百果园秉承"三不、三高、一坚持"的原则。

"三不"原则:没有专家不做,因为专家让百果园有全球视野,让他们看到这个品类的全球状况;没有行家不做,因为只有行家才能帮助他们将事情落到实处;没有从源头开始不做,食品的生产一定要从源头就开始管控。

"三高"原则:高品质、高营养、高安全。如果想让百果园的食品给人民带来幸福和健康,就必须满足这三点。

"一坚持":百果园坚持又好又便宜。坚持高性价比是他们永恒的追求,不仅要让消费者买得到,更要让消费者买得起,这是百果园的初心。

所以百果园要从一个品类开始做起,秉承"三不、三高、一坚持"的原则,逐步扩展到全品类。这就是他们为什么能做好大生鲜。

5.1 绿色营销渠道概述

5.1.1 绿色营销渠道的含义

如何提高生产效率,最大限度地合理利用资源,实现社会经济的可持续发展,达到人与自然的和谐共处,是当今企业面临的重大问题。绿色营销于20世纪80年代被作为一个完整的概念提出,90年代初被世界范围内的企业广泛运用。企业要实行绿色管销战略,建立有效的绿色营销渠道是关键。提高企业营销渠道的绿色程度,建立长期有效的绿色营销渠道,树立全新的企业形象,获得消费者的信任,成为企业在如今绿色大战中取得胜利的关键。绿色营销的核心是按照环保与生态原则来选择和确定营销组合的策略,与此同时,作为绿色营销组合的重要组成部分的绿色渠道也随着绿色营销的兴起和发展而发展起来。《论绿色食品营销渠道的构建》一文提出,绿色营销渠道是指绿色商品从生产者向消费者转移时,在促使绿色商品被顺利地购买、使用或消费的过程中所涉及的相互依存的组织或个人,它主要包括绿色商品的生产商、经销商(指批发商和零售商等)、代理商、辅助商等。绿色营销渠道是绿色营销的重要组成部分,是经过一系列具有不同职能的中间商,将产品或服务送达消费者所需要经过的路径。它体现了产品的绿色理念,维护了企业的绿色形象,满足了消费者的绿色需求。

因产品特性,客观上要求渠道成员与组织具有绿色营销观念和较强的环保意识,在渠道流通环节,尽量减少对产品本身的污染,同时降低对环境的破坏,体现绿色价值。从某种程度上,渠道中间所涉及的人员的绿色观念和行动成了绿色营销渠道的基础。

绿色分销渠道是绿色渠道的重要组成部分,由于绿色产品的特殊性,与之配套的绿色分销渠道也有其自身的含义。

绿色分销渠道是指绿色产品和服务从绿色生产商向绿色消费者转移的过程中,所经过的由绿色中间商联结而成的绿色通道。它由一系列有执行中介职能、相互依存的企业或个人组成,包括线上和线下多种渠道。绿色分销渠道有以下内涵。

(1) 绿色分销渠道上的企业和个人　是指具有绿色意识、环保意识和健康意识的绿色产品生产者、绿色批发商、绿色零售商等不同类型的企业和个人，他们被称为"绿色渠道成员"。

(2) 绿色分销渠道　是指一种绿色产品的流通过程。起点是该绿色产品的生产者，终点是该产品的绿色消费者和用户。

(3) 建立绿色分销渠道　要启发和引导中间商树立绿色意识和环保观念，使成员间相互联系、相互制约，各自承担绿色营销渠道职能，逐步建立稳定的绿色分销网络，构成绿色分销的绿色生态系统，提高绿色分销渠道的效率和效益。

(4) 降低成本　尽可能建立短渠道、宽渠道，减少分销渠道内的资源消耗，降低分销渠道费用和成本，体现渠道自身的高效节能绿色特征。

绿色分销渠道的中间环节包括绿色中间商和代理中间商。绿色分销渠道不包含铁路、银行和其他服务性组织，因为它们在商品流通过程中仅起服务和促进作用，不直接参与绿色商品交易。

5.1.2 绿色营销渠道的特征

5.1.2.1 绿色营销渠道特征

绿色营销渠道除了具有传统渠道的所有特点，还具有一定的绿色标志。绿色渠道的起点是制造绿色商品的生产者，中间商或代理人具有很强的绿色意识、环保意识和健康意识，最终消费者为绿色消费者。绿色渠道的特征体现在以下几个方面。

(1) 绿色渠道体现可持续发展的特征和要求　绿色渠道是绿色营销最重要的营销组合策略之一，其本质特征必须符合绿色营销的本质特征。要体现可持续发展的特征和要求，需做到以下三点。第一，绿色渠道成员真正树立了绿色意识，即具有明确的可持续发展的意识，产品生产者、中间商和消费者必须具有绿色意识。第二，在绿色渠道上交换的商品必须是真正意义上的绿色产品。第三，分销渠道的管理过程必须体现可持续发展的要求。

(2) 绿色营销渠道成员具备绿色、环保和健康意识　随着绿色消费需求的不断增加，绿色产品原材料采购、生产、销售等流通环节中涉及的企业需要具备绿色、环保和健康意识。绿色生产企业要对绿色渠道成员进行绿色、环保和健康理念的培养，主动承担教育者角色；国家和行业也利用各种宣传媒体和宣传方式，积极传播普及环保知识和绿色消费知识，引导我国公民树立绿色、环保和健康意识，从而提升渠道成员绿色认知并达成共识。

(3) 绿色营销渠道是由各绿色渠道成员构成的有机整体　首先，绿色渠道由绿色供应商、生产企业、中间商、消费者等成员构成；各渠道成员密切配合共同保障渠道有机运行。其次，绿色渠道成员必须全部是"绿色"的，具体来说，绿色渠道成员即商品生产者和商品经营者必须是绿色企业或绿色经营者，商品消费者必须是绿色消费者；绿色渠道上交换的商品必须是绿色产品。再次，绿色渠道必须是有机统一的绿色整体。渠道成员间既是渠道利润的争夺者又是渠道运行的密切配合者，只有构建一个有机渠道整体，才能实现渠道的可持续健康运行，从而实现渠道成员的双赢。渠道中仅有某些绿色环节和绿色要素难以真正构成绿色渠道。绿色渠道除了各种渠道构成要素必须是绿色的以外，渠道成员从事的各项渠道活动，及其它们所体现的各种渠道成员关系也必须是绿色的。

5.1.2.2 企业营销渠道以绿色为导向

企业的绿色营销渠道与传统营销渠道意义上的差别在于"绿色"，即在整个产品流通过程中以绿色为导向。

绿色营销渠道是在传统营销渠道的基础上有所创新而形成的，绿色营销渠道具有绿色标志，以绿色供应商为上游，以绿色产品的生产为起点，以绿色产品的最终消费者为终点，渠道成员包括各级中间商、代理商等都具有很强的绿色观念。

传统营销渠道生产者借助中间商分销产品，渠道成员往往忽略分销过程中的环保等问题，还可能在生产、物流、分销等环节对环境造成污染、浪费大量的资源。绿色营销渠道必须要注重控制分销过程中对环境造成的污染，并注重资源节约。

传统营销渠道上生产商与中间商之间的关系"冷淡"，每一个渠道成员都是一个独立的经营实体，以追求个体利益最大化为目标，甚至不惜牺牲渠道和厂商的整体利益。"绿化"后的渠道成员间形成较密切的合作伙伴关系，厂家与中间商一体化经营，构建绿色渠道生态，实现厂家渠道的集团控制，形成利益共同体，渠道成员为实现自身或其他成员的共同目标而努力，追求渠道整体利益的最大化。

传统营销渠道的生产商与中间商之间的关系仅仅建立在利益基础上，双方之间缺乏沟通与互动，使得生产者无法从中间商那得到消费者的需求信息，以及企业产品受欢迎程度等信息，这往往会导致市场调查不全或不详细，而生产出不适合目标消费者需求的产品。"绿化"后的渠道成员之间能进行双向信息反馈和充分的沟通交流，以满足消费者需求为一切行为的出发点，实现渠道成员与消费者的"双赢"。

传统营销渠道功能实现周转期长，整体存在能耗高效率低的状况。绿色营销渠道实现了绿色物流、绿色金融等绿色功能，从实质上提升了渠道的效率，实现了渠道功能的快捷和高效。

传统营销渠道中间环节多，渠道链复杂，层层加价，损害消费者利益的同时也削弱了产品的市场竞争力。绿色营销渠道形成了线上线下的全渠道和直销或短渠道的渠道模式，不但有效减少了中间层级、降低了渠道成本，还简化了消费者的购物过程，提高了消费者的满意度和忠诚度，同时满足了更高诉求的消费者的绿色需求。

绿色营销渠道模式的构建，改变了传统渠道模式单一、渠道成本过高、物流配送不及时、用户体验差等问题。全渠道的路径更丰富，可以积累消费者的购物数据等，构成了多渠道线上与线下的融合。

总之，与传统渠道相比较绿色渠道从国家和企业的长远发展和竞争能力等许多方面而言都具有较明显的优势。

永辉超级物种供应链延伸的战略

超级物种是永辉依托自身生鲜供应链深厚积累，把握消费升级浪潮，针对城市中高端消费人群打造的零售新物种。

超级物种主打"生鲜餐饮＋零售"的体验式消费，满足了消费者在一个空间内的多样消费需求，消费者身临其境，所见即所得，实现了"餐饮＋零售"的体验式消费，并通过线下门店和线上永辉生活App、微信公众号、小程序等平台，打通线上线下渠道。

超级物种已经在福州、厦门、南京、深圳、北京、上海、杭州、成都、重庆等城市布局。截至2018年末,永辉超级物种门店总数达到73家。

1. 永辉超级物种供应链延伸的核心

(1) 商品　重点关注商品的品质、安全,以及顾客的体验。

(2) 效率　重点关注商品流通的效率和周转的效率。

(3) 成本　重点关注商品采购成本、流通成本、销售成本和管理成本,降低顾客商品获得总成本。

2. 永辉超级物种供应链延伸的战略方向

(1) 绿色永辉　重点关注商品的品质、安全,引领绿色消费,积极引进和培育绿色商品。

(2) 科技永辉　将信息技术深入运用于产业链,打造科技型零售企业,借助科学技术实现精细化管理,提升经营管理绩效。

(3) 数据驱动　以数据驱动供应链延伸,主抓具有高频消费特性的生鲜、食品、快消类别,重点实施"大生鲜食品"全产业链战略,力争成为大生鲜食品供应链制造型零售商。

3. 永辉超级物种供应链延伸的措施

(1) 产地基地建设　强化生鲜特色商品产地基地建设,做好物流对接、信息对接、技术对接、市场对接、品牌建设等。

(2) 全球直采战略　强化具有核心竞争力的优质产品全球直采,重点包括进口水果、进口海鲜、进口牛羊肉、进口红酒、进口休闲食品、进口高科技产品等。

(3) 实施"C2B+OEM"　利用大数据深挖顾客需求,并根据顾客需求研发和设计全新的产品,实施商品定制。

(4) 自有品牌建设　深化自有品牌建设,提升自有品牌商品的研发与设计能力,塑造全新自有品牌形象,推行大品牌、大生鲜食品模式。

(5) 后台加工配送　强化生鲜后台加工与配送中心建设,使生鲜食品的加工在工业化的条件下做到综合效率最大化,提升生鲜食品流通效率。

(6) 供应冷链创新　制订生鲜冷链的创新与改进方案,用技术实现延长生鲜保质期。生鲜供应链的核心是技术和冷链系统。

(7) 发展产销联盟　直接与生产厂商进行深度合作,通过消费数据共享,建立产销联盟,共同推动商品升级。

(8) 组建采购联盟　通过联合采购降低采购成本,提升供应链服务水平及采购商品的质量。

5.2　绿色营销渠道成员

沃尔玛供应链:怎么才能既绿色又便宜

沃尔玛作为世界500强企业,其"Project Gigaton"计划的目标是到2030年减少全球价值链排放10亿吨温室气体,建设绿色供应链,促进可持续发展,得到社会各方尤其是消费者的支持与肯定。沃尔玛中国一直是该项目的主要推动者,数百家国内外供应商参与该项目。绿色运营通常意味着企业付出更高的成本,沃尔玛对环境保护和效益增长同等重视。

沃尔玛物流支持和采购部高级经理 Smith 曾说:"每一个决策都必须从商业价值方面进行论证,沃尔玛不会纯粹地因要树立一个良好的企业形象便一味地追求绿色生态。"沃尔玛实施的是可持续发展战略。

全供应链渗透可持续理念

沃尔玛将可持续发展融入到了供应链的各环节,包括供应商和消费者层面,并创建了商业上的一个可持续发展的范例。

崇尚绿色生态,并不仅仅只在商品货架上为吸引消费者做"绿色"扮相,沃尔玛追求的是在每一个环节都同等重视可持续发展的商业战略。沃尔玛的绿色生态战略是集中化的,对未来的发展方向有清晰的规划。

沃尔玛在 2017 年前就已实现在美国商店和美国山姆俱乐部销售的 70% 的商品来自于通过该指数测评的可持续性供应商。沃尔玛公司内部同样有很多合作,如从房地产部门努力开发可再生能源项目和审核新的科学技术,到物流部门在库房中测试和使用氢能源电池。每个部门,每个人都要为沃尔玛的整体发展和业绩负责。

与此同时,沃尔玛还在商业规则的框架之内,不遗余力推进各方协作,推广最好的实践方式、展开信息共享、使供应商和合作伙伴承担相应责任等,以最大限度地推进可持续发展的实现。

商业回报受到同等重视

沃尔玛商业小组在寻求可持续发展目标的过程中,面临的一个挑战就是提取出投资的核心价值,向公司 CFO 证明投资回报率,从而进一步获得新项目的资本投入。如果商业利益和可持续战略目标不一致,那某个项目势必很难被推进。

在沃尔玛,这两个目标是紧密结合在一起的,互为支持。一个有效的供应链一定是绿色生态的。所有的环节都要进行衡量和基准测试,沃尔玛努力跟进每一笔投资的投资回报率。

沃尔玛试图通过推广可持续发展指数来加深自身商业模式的影响。沃尔玛认为,该指数为不同公司寻求自己独特的可持续发展之路提供了一个平台。可持续发展指数实际上为企业提供了一个参考的标准。至少它给企业提供了一个视角,让企业知道还可以从哪些方面对自身发展进行思考,或者还有哪些领域(包括可再生能源、能源利用效率、减少浪费等)是需要企业集中精力去解决的。

投资绿色运营的践行者沃尔玛在可持续发展方面取得的成绩,毫无疑问地归功于其领导者,而沃尔玛的员工是持续发展理念的组成部分,而公司也对他们的成长给予了投入。沃尔玛实施了"我的可持续发展计划"项目,该项目对"员工越快乐,越能减少人员流动率"进行了实证。同时,还证实了它能够为顾客提供愉快的购物环境。

员工已经成为沃尔玛绿色生态方面的一个投资。沃尔玛在全球将近 30 个国家拥有 230 万员工(据 2020 年 8 月数据显示),这是生活在沃尔玛文化环境下的一个数量庞大的群体。

用可持续发展指数管理供应链

解决复杂的自然资本管理问题和实现好的商业实践的关键之一是需要可信和透明的信息。长期以来,消费品行业所缺乏的是可信的科学知识、数据和研究。为了更好地推广可持续发展指数，沃尔玛联合 100 多家会员组建了可持续发展联盟，以实现通过测量指标和报告系统的科研开发来实现消费品领域产品的可持续发展。这一联盟为其成员制定了报告系统，来评估产品和供应商在可持续发展方面的表现。

2020 年 8 月 19 日，苏美达股份有限公司旗下江苏苏美达纺织有限公司下属 BK 公司顺利通过沃尔玛的多项审核评估，获得可持续发展 Giga-Guru 证书，说明了沃尔玛对 BK 公司推动温室气体减排的认可。BK 公司是沃尔玛的核心供应商，多年来持续提供优质的产品与服务，积极参与可持续发展项目，并致力于绿色供应链打造。

5.2.1 选择绿色供应商

绿色供应商的选择与评估是零售企业成功实施绿色采购的关键环节，供应商的选择与评估过程包含多个环节，该过程从确定潜在供应商评估所使用的标准开始，随后以这些标准为基础识别和筛选出公司想要评估的供应商，并为实现评估目标收集相关信息。

5.2.1.1 绿色供应商的内涵

绿色供应商是指在绿色供应链管理理论的指导下，以供应链管理技术和绿色制造理论为基础，与需求方密切合作，在产品设计开发、原材料的获取、产品制造、包装、仓储、运输、销售、使用及报废处理的整个过程中严格贯彻绿色标准，以经济利益和环境效益相协调为目的的厂商。

根据绿色供应链管理的要求，供应商、制造商和顾客应联合起来减少产品及其制造过程中对环境的不利影响，绿色供应链管理实践的一个重要做法就是，在供应商选择、维护和发展过程中考虑环境影响。绿色供应商选择，即监测供应商的环境绩效，并只与满足环境标准的供应商合作。

5.2.1.2 绿色供应商绩效评价模型

在进行供应商评估时，需要考虑的最基本的两个因素是：绿色供应商的能力和积极性。

能力是指供应商为公司提供产品和服务的能力，代表了一个供应商满足公司要求的潜力；积极性是指供应商的兴趣和完成供应任务的可能性，代表了供应商满足公司供应要求的可能性。这就意味着供应商不仅要有满足公司要求的能力，还要有完成供应任务的积极性，一个非常积极地与公司进行合作的供应商，会比一个没有太大兴趣的供应商能更好地完成供应任务。

公司对供应商能力和积极性水平的要求将在很大程度上随其与供应商之间建立的合作关系类型的变化而变化，公司与供应商之间建立的合作关系越紧密，积极性因素所起的作用就越重要。比如，当公司将要与供应商建立伙伴关系，或者将要采购的是供应商不太感兴趣的瓶颈型品项时，积极性因素就是公司需要考虑的要点。

5.2.1.3 绿色供应商选择

绿色供应商与传统供应商的区别在于"绿色"的加入，体现在环境标准的考量，下面就着重介绍绿色供应商选择过程中的环境标准。绿色供应商环境的评价标准如表 5-2 所示。

表 5-2　绿色供应商环境的评价标准

评价标准项目	具体指标
绿色形象	• "绿色"顾客市场份额 • 企业对供应商环境责任履行情况的分析 • 公众对供应商环境相关问题的看法 • 与绿色组织的合作关系 • 高层管理者的绿色承诺
污染控制	• 能源消耗量 • 废气排放量 • 固体废弃物排放量 • 有害化学物质的排放量
环境管理体系	• 环境政策 • 环境规划 • 环境活动的检查与控制
绿色设计	• 降低原材料/能源消耗的产品设计 • 产品的再利用、再循环设计 • 避免/减少有害物质使用的产品设计
绿色能力	• 环保材料在产品制造中的使用 • 绿色制造工艺 • 改变和调整工艺以减少对自然环境的破坏 • 清洁技术的使用
绿色产品	• 可回收性 • 绿色包装
产品回收	• 产品回收率 • 逆向物流
污染治理成本	• 水污染治理成本 • 能源消耗成本 • 空气污染治理成本 • 固体废弃物治理成本 • 化学废弃物治理成本

华为公司开展绿色供应商管理

华为的绿色供应商管理，分为供应商选择、绩效评估、合作方面的内容。在绩效评估过程中，建立了问题处理和退出机制。在供应商选择过程中，华为将可持续发展要求纳入供应商认证和审核流程，所有正式供应商都要通过供应商认证。华为主要采用公众环境研究中心（IPE）全国企业环境表现数据库调查供应商，并进行供应商认证及选择。华为基于电子行业行为准则（EICC），与正式供应商签署包括劳工标准、安全健康、环境保护、商业道德、管理体系及供应商管理等要素在内的"供应商企业社会责任（CSR）协议"。

华为对供应商的绩效评估，一是采用 IPE 的蔚蓝地图数据库定期检索近 500 家重点供应商在中国的环境表现，推动供应商自我管理；二是对供应商进行风险评估和分类管理，将供应商分为高、中、低三级风险，对于高风险供应商进行现场审核，中风险供应商进行抽样现场审核；三是根据供应商现场审核及整改情况评估供应商可持续发展绩效，将供应商分为 A（优秀）、B（良好）、C（合格）、D（不合格）四个等级，评估结果内部公布，并由采购经理向供应商高层传达，推动供应商整改。如果供应商持续低绩效，将降低供应商采购份额直至在供应商目录中剔除。

5.2.2 构建绿色分销渠道

绿色分销渠道决策一向是所有绿色市场营销决策中最困难、最富有挑战性的决策之一。这是因为，绿色分销渠道决策是营销组合中最需要其他部门和组织之间密切配合才能有效实施和完成的决策，而且绿色分销渠道一旦建立，要改变它将十分困难。所以，对许多行业和企业来讲，绿色分销渠道决策往往是非常慎重的。在选择绿色产品的绿色分销渠道时，要考虑的因素、选择策略及其管理也与一般产品有所不同。

5.2.2.1 通路结构设计

随着我国经济发展和消费升级，消费者对绿色产品需求的整体水平有所提升，特别是大城市的消费者，绿色消费意识逐步形成，绿色需求决定了企业的绿色营销行为，企业在实行分销渠道策略时，要不断提升渠道的效率和服务水平，使用多渠道组合满足绿色市场不同的目标顾客的绿色需求，通过全渠道提升市场占有率。

根据目标市场的需求差异划分为集中地区（大中城市）和分散地区。在集中地区通过中间商和大零售商来促进销售，扩大市场覆盖面；在分散的地区则由本企业的销售部门或成立独立的销售公司来进行渠道建设，通过专门的绿色产品柜台和连锁商店进行销售。中间商和销售公司负责当地大客户关系营销，网络营销和直销等主要由制造商来控制，可由销售公司和中间商发货，也可由总公司直接发货。

5.2.2.2 绿色分销机制构建

(1) 选择合适的合作对象　绿色产品分销的一个重要渠道是分销商，如零售商、批发商、代理商等。在选择分销商时，企业要考虑其绿色信誉，管理水平等综合情况，特别要关注分销商是否有良好的信誉，是否具有与本企业相同的绿色意识，是否关心环保、愿意服务社会。事实上，很多声望高的零售商是绿色营销的促进者和行动者。

(2) 建立绿色销售网络　企业可根据产品特征，采取不同的销售网络，如设立绿色专柜、专卖店或连锁店，也可采取直销方式宣传产品。

(3) 利用互联网进行绿色分销　近年来电子商务发展迅速，这种依托网络的最简洁的分销方式，符合绿色营销的理念。互联网用户大多受过良好教育，且大部分为"环境敏感"消费者，有绿色的消费诉求。互联网分销方式扩大了企业的市场覆盖率，提高了企业的分销效率，有效降低了企业的渠道建设成本。

(4) 建立绿色物流体系　首先，企业应选择使用无铅燃料、有污染控制装置、能耗低的运输工具；其次，企业应统筹合理的运输线路，缩短运输距离；再次，企业应合理设置配送中心，简化配送体系，减少物流过程中的产品损耗；最后，企业应积极建设逆向物流体系，做好回收废物和废弃物物流，承担起企业绿色环保责任。

5.2.2.3 构建绿色分销渠道模式

绿色分销渠道是绿色营销的重要组成部分，是指经过一系列具有不同职能的中间商，将产品或服务送达消费者手中所需要经过的路径。它体现了产品的绿色理念，维护了企业的绿色形象，满足了消费者的绿色诉求。绿色渠道模式可分为以下三种，如图 5-1 所示。

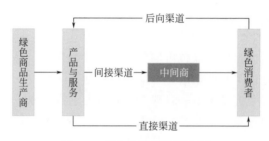

图 5-1　绿色分销渠道模式图

（1）直接渠道　又称零级渠道，它是指没有中间商参与，绿色产品由生产者直接销售给绿色消费者的渠道类型。直销使制造商与消费者直接接触，最大限度地确保了绿色产品的品质。特别是采用网络营销方式，节省了传统零售商的铺面费用，可给消费者提供更多选择，满足消费者的绿色需求。另外，网上低廉的广告成本，也给企业带来更多的成长机会。随着新技术在流通领域的广泛应用，富媒体和电子支付等方式迅速发展和完善，进一步促进了直销方式的发展。直销渠道仍然是国外绿色产品销售的主要渠道之一。

（2）间接渠道　指绿色产品经由绿色中间商销售给绿色消费者。中间商主要包括代理商、经销商、批发商，他们可以分担一部分分销功能，有利于减轻企业的分销负担。间接渠道相比直接渠道宽而长，产品市场覆盖范围大，可以满足更大的市场需求。当企业发展壮大，市场成熟时，可以通过建立专门的绿色零售店或在超市、连锁店开辟绿色专柜，方便大量分散消费者多次购买。通过超市、连锁店、大卖场等渠道销售绿色产品开拓都市消费市场，它是目前一些绿色产品龙头企业进攻市场的方式。例如江苏泰州市的绿色食品企业由政府牵头与全国最大的连锁超市之一的"苏果"签订购销协议，建立稳定的产销对接关系。

（3）后向渠道　又称逆向营销，它是指产品和服务从用户手中流向生产企业，这是一种全新的市场营销措施，它使绿色消费者改变角色成为一个绿色生产者。企业将消费者作为垃圾的提供者，将垃圾回收处理中心作为接受者，从而进行垃圾的分拣、再循环、再利用。目前，我国正积极倡导这种渠道方式，从而提高资源能源利用效率，减少环境污染，促进循环经济的发展。2009 年，我国出台了家电"以旧换新"的政策，给予企业一定的财政补贴，促进其发展。

分销渠道是市场营销的重要环节之一，对分销渠道的选择直接影响着实体商品从生产领域向消费领域转移过程中所耗费的流通成本的大小。不同渠道有不同的特点，如表 5-3 所示。

表 5-3 不同绿色分销渠道模式的比较

渠道类型		特点	适用范围
向前渠道	直接渠道	渠道窄而短,消费者与生产者直接接触,最大限度确保绿色产品的品质,消费者参与感、体验感强	规模较大的行业和大型零售商,生产成本高,促销支出较多的情况
	间接渠道	渠道宽而长,产品经由中间商销售给消费者,如绿色专柜可以满足更多的绿色市场需求,有利于减轻企业的分销负担	用于大规模的、顾客人口分布较广泛的市场
后向渠道		逆向销售,产品和服务从用户手中流向生产企业体现了重要的生态目标	折价回收本企业以前的旧产品、回收包装物等固体垃圾进行再处理

贵州合力超市本土有机蔬菜可视化直销模式

合力超市是贵州本土第一家引进有机蔬菜的企业。2012 年起,合力超市成为贵阳市商务局认证的农超对接试点超市,距离蔬菜基地最近的市民,已经能够购买到从清镇基地采摘、包装到走进合力超市货架耗费不足 4 小时的新鲜有机蔬菜。除了贵阳之外,有机蔬菜还将陆续进入合力超市在地级市/县上的 50 余家卖场,最远到达盘州、德江和松桃等地区。2015 年 8 月 30 日,合力超市白云店正式引进有机蔬菜、绿色蔬菜和无公害蔬菜,标志着合力超市生鲜商品正向纯净安全食品发展,在"农超对接"的基础上,实现本土有机蔬菜可视化直销模式。

"贵州蔬菜不仅实现自产自销了,而且还拥有了有机蔬菜的身份证。"一名记者在参观合力超市白云店时说道。这个编码就是蔬菜的身份证,刮开涂层下面还有一个有机码。有机蔬菜的这种认证标志,可以追溯蔬菜生产企业的相关信息。

企业应根据绿色产品的特殊性,选择不同的绿色分销渠道,同时还应建立与绿色产品分销相配套的绿色通道。绿色通道指从满足绿色产品生产、销售和消费的需要出发,通过开辟公路、铁路、航空以及水上常年性绿色产品运输通道,并按照经济合理的原则将其联结起来,发挥各类运输工具的优势,消除不必要、不合理的关卡和收费,在全国范围内甚至在国际上构建高效率、无污染、低成本的绿色产品运输网络和联运系统。

第一是运输工具的选择,要选择使用无铅燃料、有污染控制装置、节省燃料的交通工具,并选用运载量适宜的交通工具。第二要统筹运输路线,缩小运输距离。第三是减少储运过程的浪费,如改善运输条件及其他设备、减少货损等。第四要简化供应和配送体系,如合理配置配送中心以降低资源消耗和货损量。

5.2.3 评估和选择绿色中间商

绿色产品的分销过程,是通过中间商,如零售、批发商、代理商等来推动完成渠道任务。在绿色营销渠道构建中，中间商的选择尤为重要。"绿色理念"并不能带来直接的经济利益，甚至还会增加中间商的成本。所以，企业选择绿色中间商前，要对绿色中间商进行评估，评估的内容主要包括以下五点。

① 绿色中间商经营时间的长短及成长状况。
② 绿色中间商的经营管理水平和经营开拓能力。
③ 绿色中间商决策者的绿色营销观念和人格形象。
④ 绿色中间商的信用状况。
⑤ 绿色中间商的销售区域能否为构建绿色分销渠道提供效率优势。

如何选择绿色中间商，培养中间商的绿色理念，执行绿色行为，并把绿色营销的概念带给消费者，是企业绿色营销渠道构建的关键。首先，应选择在消费者心中具有良好绿色信誉的代理商、批发商和零售商，以便维护绿色产品的形象。其次，必须考虑绿色中间商的合作态度及其经营能力、信用、分销能力和绿色意识。经营能力是考察绿色中间商的经营连续性，信用主要考查绿色中间商履约、回款性等方面的信誉，分销能力则是考察绿色中间商的绿色市场拓展能力、营销能力、管理能力、技术支持和服务能力、商品储存和配送能力等。再次，绿色企业要选择资金实力雄厚、财务状况良好且具备绿色营销意识的中间商。最后，注意该中间商所经营的非绿色商品与绿色商品的相互补充性、非排斥性和非竞争性，提高中间商对绿色产品的忠诚度，进而大力推销绿色商品。

5.3 绿色营销渠道管理

如何突破有机产业流通渠道瓶颈

一、有机产业面临的三大难题

我国有机产业经过前期的发展有了很大提高，但与发达国家相比还是相对落后。未来10年中国有机产业年均增速将达20%~30%，但没有形成规模企业和产业聚集群，有机企业最难的三大问题主要集中在流通领域。

（1）信任建立难　有机产品建立信任难度较大，诚信缺失、虚假宣传是影响有机产品消费的主要原因，可追溯体系数据的真实性尚待解决。

建立信任需要做好以下几点。一是信息更公开透明，相关产品信息查询更便捷、可追溯，随时随地能验证核实。二是监管更严格，建立健全法律体系，执法者积极作为，严格监管、严厉处罚，大幅提高造假违法成本。三是鼓励全社会监督。四是增强第三方认证体系的权威性。

（2）物流保鲜难　有机产品的保鲜和物流仍是需要解决的首要问题。现在有很多有机企业采用会员制和商超、电商销售，但是实现盈利的很少。会员制市场需求大，但很难打开市场，原因在于获取个体客户难。单个企业难以满足客户所有需求。农产品电商销售的前提是高效配送和标准化，目前在物流领域只有个别配送可以做到高效标准，大部分还存在问题，因此保鲜难。另外农产品季节性强也给销售造成压力。

（3）品牌树立难　一些好的企业或者品牌，经过了百年的发展，并持续保证自己的产品品质质量，才可以发展到今天。形成好的品牌形象，不是一朝一夕就可以实现的，企业经营者要有一种做事业的精神，才能真正实现产品到品牌的飞跃，要有良心、要能经得住考验。

二、有机产业流通渠道改进策略

中国有机农产品销售渠道内部关系组织化程度低，流通无序，无法形成稳定的有机农产品销售渠道。并且，有机农产品在销售渠道运营上技术含量低，加大了渠道管理难度，导致渠道成本增高及效率低下。相较而言，国外先进的有机食品销售渠道值得我们借鉴和学习。

1. 加强有机农产品立法，完善质量认证、监督跟踪体系

当前，我国有机农产品销售各环节的法律法规有待完善。应按照国际标准建立有机农产品认证体系，对土地质量、环境质量、生产资料质量等进行准入审查，规避流通环节不诚信行为。同时，抽查市场上的有机农产品，对不符合生产标准和质量要求的有机农产品予以下架和处罚。对经过认证和跟踪管理的有机农产品，应在其外包装印上机农产品专用二维码，以供消费者扫码查询产品的生产者、认证机构、认证负责人等信息，建立质量认证体系和统一的信息平台，使我国有机农产品经过权威机构认证后，直接进入国内外有机农产品流通市场，以减少成本与损失，提升诚信度。

2. 线上搭建电商平台，线下开设专卖店（柜），保证有机产品品质

大力促进农村互联网普及和使用率，优化有机农产品电子商务基础平台，支持农产品合作社、农业大户和涉农企业开展有机农产品电子商务，创新有机农产品第三方电子商务平台，不断推动有机农产品电子商务服务科学化发展。构建有机农产品网上零售服务平台，推动有机农产品电子流通交易活动。

线下可采用农户直销，包括农场设立直销店，到专业市场上承租柜台进行专柜直销以及宅配送；也可到有机农产品专卖店销售，这种销售方式专业化程度高，依托大中型有机农产品批发配送中心进行调剂，能够完全实现全国有机农产品的流通；还可在传统店设专柜、专区销售。通过"线上＋线下"模式，线上下单、实体店配送，减少流通环节损失，保证有机产品品质。

3. 培育产销主体，推进产销对接的社会化服务，提升品牌形象

增强有机农产品生产经营主体的专业性，促进其新型经营理念的形成。建设标准化有机农产品合作体系，推进有机农产品品牌塑造，优化有机农产品分级、质量认证，综合运用财政支持等手段，实现有机农产品产销对接。同时，促进有机农产品标准化、分级化、社会化服务，推进有机农产品生产与市场需求协同发展，为有机农产品提供经营风险评估、农产品流通知识咨询等服务。此外，建立有机农产品产销对接综合服务平台，增进产销双方互动沟通，不断推进有机农产品文化节、展销会等多元化活动。

绿色渠道要求在营销过程中要加强渠道成员的绿色意识，建立绿色营销网络（降低渠道营销中人力、物力、财力等成本），销售物流过程的运输、仓储、包装、流通加工、装卸等环节注意能源的节约，控制分销过程中对环境造成的污染，节省环境资源。绿色渠道建立后，必须对绿色渠道进行有效管理，不断提高绿色渠道的分销效率。

5.3.1　培训渠道成员

与中间商之间建立相互培训机制是密切渠道成员关系、提高绿色分销渠道效率的重要举

措。一方面，绿色生产企业培训绿色中间商的终端销售人员，使他们懂得绿色商品知识和绿色产品的使用方法，了解相关技术，提高中间商顾问式销售的能力，更好地引导绿色消费，扩大销售。另一方面，绿色中间商可以给绿色生产企业的营销人员、技术人员提供培训，传递绿色市场知识、绿色产品知识、竞争者信息和绿色消费需求等有利市场信息，使绿色生产企业的绿色产品、绿色促销、绿色售后服务得到改进，提高绿色中间商的市场拓展能力，同时也能提高生产企业适应绿色市场的能力，形成绿色渠道内部信息的双向流动，使渠道在运营中反应更快、效率更高、服务更精准。

对零售商的培训要注意两个方面：一方面是对销售人员的培训，要培养销售人员的工作热情及对环保问题的关注；另一方面，在店面装饰上，以自然、环保、简洁为主，体现企业绿色营销理念。

5.3.2 激励渠道成员

对于渠道成员的有效管理，绿色营销管理更多地强调通过激励来营造整个渠道系统的和谐气氛，通过激励来调动渠道成员的积极性。因此，对于渠道成员的有效激励，就几乎成了任何绿色生产商渠道管理中的一项不可或缺的重要内容。

随着市场竞争的日益激烈，确立绿色生产商与渠道成员间持续的相互支持相互合作的关系，形成战略同盟至关重要。持续地经常性地采取激励措施，可以增强相互之间的联系与合作，提高绿色渠道效率，降低渠道成本。

渠道成员是企业营销渠道的重要组成部分，但由于渠道成员间经营目的不同，管理目的和经营行为也会有较大差异。被用来对渠道成员进行激励的返点、培训、广告支持等已经成为一种常规手段。但是，在绿色生产商看来，这种针对整体渠道成员的激励措施还不够，需要进一步完善。

首先，绿色企业要经常与现有渠道中间商进行有效沟通，培养渠道成员的绿色观念，提升渠道成员的环保意识，同时应对中间商给予经济上的支持和激励，特别是在产品投入市场的初期，由于销售预期不明确、利润的产生和分配未知、中间商的积极性不高，需要多引导、多督促。其次，建立科学完善的绿色渠道成员评价体系和选择标准，从制度上引导渠道成员树立绿色渠道管理理念，提高绿色营销意识；构建有效的绿色渠道体系，保障渠道成员的长期利益。再次，绿色企业要建立有效的渠道成员诊断体系，根据渠道成员的经营状况，准确有效地帮助其改进经营策略、提高运营管理能力和经营绩效。最后，多引导和培育非绿色渠道成员，通过制度保障和对渠道成员的有效激励吸引更多非绿色渠道成员加入。

5.3.3 调整绿色渠道

在绿色渠道的建立和运作过程中，绿色营销理念、绿色营销生态环境等会发生变化，使绿色渠道不能发挥价值链的整体竞争优势。这时企业要探索改进绿色营销环境的各种渠道，甚至对渠道系统进行根本性创新。绿色渠道改进一般通过以下三种方式进行调整。

（1）增减某些绿色渠道上下游成员　这是绿色分销渠道改进和调整的最低层次。当某个绿色渠道成员经营不善且绿色意识缺乏，已影响整个绿色渠道的正常运营时，绿色生产商应考虑对该绿色渠道成员进行调整和改进，并在适当的时候增加能力较强的绿色渠道成员。

（2）增减某些绿色渠道　这是绿色渠道改进和调整的较高层次。当某些绿色市场的营销环境、市场绿色需求或顾客的购买能力发生了较大变化时，绿色生产商原有的绿色渠道不能有效地将绿色产品送达目标顾客；或只依靠原有的绿色渠道不能满足目标顾客的绿色需求时，绿色生产商应考虑对某些渠道结构进行改进和调整。

（3）变更整个绿色渠道模式　这是绿色渠道改进调整的最高层次。绿色生产商对以前选择的绿色渠道上下游作较大规模的改进，甚至完全放弃原有的绿色分销渠道，重新设计和组建新的绿色分销渠道系统，并相应调整或改变其绿色营销组合和绿色营销策略。对企业来说，它是最困难也是最复杂的渠道调整改进方式。

营销训练

知识要点训练

1. 简述绿色营销渠道的含义及特征。
2. 什么是绿色供应商？如何对其进行选择和评估？
3. 构建绿色分销渠道的模式有哪些？

绿色营销思维训练

1. 盒马鲜生的案例对你有哪些启示？
2. 结合实例谈谈构建有效绿色分销渠道的重要性。

情景化训练

1. 以小组为单位，以某一绿色产品生产企业作为分析对象，选择适合的绿色分销渠道模式，为企业设计绿色分销渠道或对原有渠道模式进行绿色分销渠道模式改进。撰写项目报告，并以公开讲解的形式分享项目成果。
2. 试回答共享经济下，如何挖掘并有效利用绿色渠道资源？

第6章

以绿色价值为导向的整合促销策略

课件资源

营销智慧

> 销售的要点是：你不是在销售商品，而是在销售你自己。
>
> ——乔·吉拉德

学习目标

1. 了解影响绿色促销组合的因素。
2. 掌握四种绿色促销方式的内涵及运作策略。
3. 能够依据人员推销、广告活动、营业推广和公关策略为企业设计绿色促销方案。

能力目标

1. 具备快速熟悉所经营的产品及相关行业或企业背景的能力。
2. 具有分析及选择合适的促销组合的能力。
3. 具备对产品进行绿色促销策划和设计的能力。

第 6 章 以绿色价值为导向的整合促销策略

> 知识结构导图

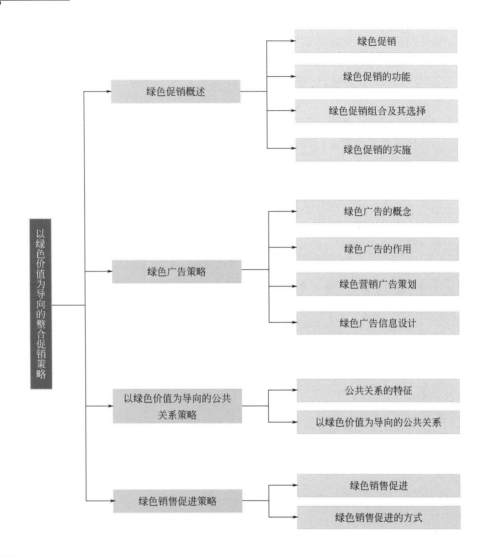

从"卖点"到"买点"苏宁易购走心营销获用户青睐

很多时候,品牌为了达到最大化的营销效果,难免把自己的产品卖点无限放大。但大多数用户是弄不清那些专业的名词的。他们想买一台电视,最关心的是"这台电视能给我带来什么"。比如"这是最适合跟家人一起围坐观看的电视",就比"这台电视采用了最新的科技成果"更能打动人心。这样的"小确幸"文案就是将"卖点营销"转化为了"买点营销"。

苏宁易购深度结合产品,用"小确幸"弱化了产品的"卖点",让进店的用户体验了一把实实在在捡到"小确幸"的感觉:在冰箱、电视、洗衣机等家电产品上贴上趣味二维码，用户用手机扫一扫即可得到对应的冰淇淋、坚果礼盒、护手霜等彩蛋礼包。从而无限扩大了用户的"买点"，促进了成交量的提高。活动中，家电产品前常常围观了众多等待扫码的用户，想要一探二维码背后的神奇彩蛋究竟是什么，门店人气从而获得了提升。

"买点"营销是苏宁易购继"818发烧购物节"后又一个创意，不仅再次带火了"小确幸"，更唤起了用户对自己或者家人的"补偿心理"，让家电变成家庭生活中不可或缺的调味剂和提升生活质量的小助手。苏宁易购用这样的创意方式，带动用户一起玩，获得了不错的效果。

宁易购倾力打造，"遇见未来"绿色智能体验展，将环保带进家庭

目前伴随着时代的发展，智能型家电的功能与智能性也在不断完善。在主张节能环保的当下，一件产品质量的好坏除了要审视其功能的高低，还要兼顾这件产品消耗的能源是否达到标准，是否符合绿色环保的要求。

为了让绿色智能的生活方式走进千家万户，上海苏宁易购同上海科学节能展示馆合作举办了一场绿色智能生活方式体验展，展会的名称为"预见未来"，展会上展出了大量绿色智能家电以及绿色智能家居产品，让有意购买智能家居的消费者们大饱眼福。展会提出了绿色智能家电新主张：环保，节能，健康以及智能。

整个展览会一共分为5个特色展区，展示了不同的内容，其主题分别为："它的前世今生""当过去遇到未来""很潮很文艺""第六元素""新之物语"。

这场展会除了展示立式环保智能家居之外，还对每一件产品进行技术讲解，再结合沉浸式的视觉艺术，让参展者们能够收获全新的家电艺术体验，在脑海中产生绿色环保的理念并且获得相关知识。

通过展会，消费者们可以设身处地地了解到绿色智能家居给人们生活上带来的改变，而对于企业以及产品而言，这场展会同样也是一个舞台，向公众们展示自己的技术以及创新理念。无论是对于消费者还是对于举办方，这场智能生活体验展都是一次双赢的过程。

企业项目导入解读

苏宁易购以"小确幸"为主题，借助"买点"走进用户的内心。通过温情、走心的创意营销，从众多品牌中脱颖而出。

在"遇见未来"绿色智能体验展活动中，苏宁易购将环保带进家庭，让消费者了解绿色智能家居，感受科技变化。

本章从绿色促销概述、绿色广告、绿色公共关系和绿色促进销售四个方面介绍绿色促销的具体内容。

> 本章知识要点

6.1 绿色促销概述

伊利的绿色营销

1. 建立"绿色物流"响应世博零排放

伊利集团在行业内首倡绿色产业链,即从绿色奶源到绿色生产,从绿色物流到绿色消费,形成了一条涵盖乳业上、中、下游平衡稳健发展的产业链。

"绿色产业链"的核心内容是由领军企业向整个行业全面延伸绿色理念,确立绿色标准,生产绿色产品,最终推动产业链上的所有环节实现共同的绿色发展。

在产品运送过程中,伊利的物流配送实现了全程 GPS 跟踪。与此同时,伊利推行绿色环保物流的各项措施,如使用排污量小的货车近距离配送以节省燃料和降低碳排放等。伊利还与铁道部门共同制定了"五定班列"的精确物流管理方式,即定起点、定终点、定时间、定路线、定产品。这种管理方式为伊利集团的冷藏运输系统提供了极大保障,切实做到了"节能减排"。

2. 世博园内的绿色人文关怀

在上海举办世博会时,伊利被选为合作伙伴。举办期间,400 多套休闲桌椅、近 1000 把遮阳伞、100 多顶帐篷,伊利在这个史上最大面积的世博园内,为游客们营造出随处都能感受到的绿色人文关怀。

除了上述一系列的数据外,伊利的绿色人文关怀还在多方面具体体现,如参建世博史上首个面向残疾人的生命阳光馆,让残疾人在其中体验无障碍生活,让健全人体验残疾人生活的不易。这种交互式体验和人人平等的理念很好地诠释了"城市,让生活更美好"的世博主题,同时也进一步明确了企业的社会责任。

为了更好地体现伊利的绿色人文关怀,更好地服务于来自世界各地的 7000 多万游客,伊利在园内设立了数十个母婴服务中心,每个母婴中心都设有休息区、哺乳区、盥洗区、冲奶区、游乐区甚至单独的洗手间,为妈妈和宝贝提供温馨的哺乳环境。这一系列的绿色人文关怀进一步拉近了伊利与消费者之间的距离。

3. 借力国际盛会传播绿色理念

作为"绿色产业链"的首倡者,伊利所奉行的绿色可持续发展理念,与上海世博会的"低碳、节能、绿色"理念高度契合,因此从众多竞争者中脱颖而出,这也是被上海世博局选为合作伙伴的重要原因。

伊利从奶源基地到生产、包装材料、物流、消费等各个环节都以绿色发展为长远目标,并联合重点门户网站,开创国内首个绿色公益微博"绿社会",为广大环保爱好者提供了一个传递绿色、分享绿色的平台。同时，伊利还在"绿社会"上发起了"带你看世博发现世博之绿"公益活动，号召线上线下共同践行绿色理念。借助 9 月 22 日无车日，联合北京、上海、西安等地媒体共同发起"带你看世博发现世博之绿——绿色出行活动"，这成为伊利"发现世博之绿"系列的一大亮点。通过网友们参与线上线下的活动传递绿色理念、践行低碳环保。

6.1.1 绿色促销

6.1.1.1 绿色促销的概念

促销是指企业通过人员和非人员方式将所经营的产品或提供的服务信息传递给消费者，引起消费者兴趣，激发其购买欲望，影响和促进其产生购买行为的方法。

绿色促销策略有两方面的含义。一方面指绿色产品的促销，即通过绿色信息的传递，树立企业产品的绿色形象，使之与消费者的绿色需求相协调，吸引消费者，增强其市场竞争力，达到促进销售的目的；通过绿色信息的传递，增强消费者的偏爱，产生重复消费。另一方面指"绿色"的促销，在促销过程中注意环境保护，以"绿色"为指导原则，如在其促销活动中注意不污染环境，节约资源等。

6.1.1.2 绿色促销的方式

① 通过举办绿色食品展销会、洽谈会、免费采摘、拓展运动等活动，扩大绿色食品与经销商和消费者的接触面。

② 设计并制作绿色广告，宣传绿色产品，塑造公司的绿色形象，把绿色产品和绿色拓展信息传递给广大消费者，拉近与消费者的距离，刺激消费需求。通过绿色信息的传递，满足消费者对商品安全和环保的心理需求，促进绿色食品的销售。

③ 利用绿色公共关系促销。例如，刊登公益广告呼吁保护野生动物、减少环境污染等塑造企业的良好形象。

④ 通过绿色食品的免费品尝、派送等形式将产品快速渗透到消费者中。另外还可以通过阳光营销、口碑营销、关系营销等技巧维系老顾客，吸引新顾客，提高市场占有率，实现持续营销和发展。

6.1.2 绿色促销的功能

（1）告知功能　绿色促销能够把企业的产品、服务、价格等信息传递给目标受众，谋求消费者绿色需求与绿色产品协调并借以在消费者心目中树立企业及产品的绿色形象。

（2）说服功能　绿色促销的目的在于通过各种有效的方式，解除目标受众对企业产品或服务的疑虑，以产品的绿色、安全、生态等特征，说服目标受众坚定购买信心。

（3）反馈功能　绿色促销能够通过电子邮件、网络社区等方式及时地收集和汇总顾客的需求和意见，迅速地反馈给企业管理层，以便及时作出相应决策。

（4）创造需求　运作良好的绿色促销活动，不仅可以诱导顾客消费，而且可以创造顾客需求，发掘潜在的顾客，扩大产品或服务的销售量。

（5）稳定销售　企业通过适当的绿色促销活动，可以树立良好的产品形象和企业形象，这有可能改变顾客对企业产品或服务的认识，使更多的顾客形成对本企业产品或服务的偏爱，从而达到稳定销售的目的。

6.1.3 绿色促销组合及其选择

6.1.3.1 绿色促销组合

绿色促销组合是指企业在促销活动中,将广告、销售促进、公共关系、营业推广等促销策略有机组合、综合运用,以实现更好的整体效果。网络促销组合方式包括以下几个策略。

(1) 绿色广告　绿色消费的需求已进入中国消费品市场,运用绿色营销观念,指导企业的营销实践已成为必然趋势,其中重要的一环是推行绿色广告。绿色广告是宣传绿色消费的锐利武器,是在维护人类生存利益基础上销售产品的广告,它的功能在于强化和提高人们的环保意识,将消费和个人生存危机及人类生存危机联系起来,使消费者认识到错误的消费将影响人类的生存并最终有害于个体。这样消费者就会选择有利于个人健康和人类生态平衡的绿色产品。

运用绿色广告可以迎合现代消费者的绿色消费心理,对绿色产品的宣传,容易引起消费者的共鸣,从而达到促销的目的。目前在我国,绿色广告作为一种营销战略还未引起广大绿色产品生产经营者的普遍重视。因此,绿色产品企业应该利用各种广告媒体,推行和运用绿色广告,引导绿色消费。

(2) 绿色公关　公共关系是指组织或企业在其运行过程中与外界发生一定联系的所有外部关系的总和,具体包括:消费者关系、社区关系、政府关系、媒介关系、竞争关系、经销商关系、供应商关系等。

绿色公关是树立企业及产品绿色形象的重要传播渠道。它是绿色营销的深层次内容,通过公关人员参与一系列公关活动,广泛与社会公众进行接触,增强公众的绿色意识,树立企业的绿色形象。

绿色公关能帮助企业更直接更广泛地将绿色信息传到广告无法达到的细分市场,给企业带来竞争优势。绿色公关的主要对象是客户、环保集团成员、法律团体、一般性团体以及企业内部人员。

绿色公关的方式多样,可通过一定的大众媒体开展,诸如通过演讲、发表文章、发放环境保护教材及资料等。还可通过某些相关的公关活动来宣传企业的绿色形象,诸如举办绿色赞助活动及慈善活动等。

(3) 绿色市场推广　通过绿色营销人员的绿色推销和营业推广,从销售现场到推销实地,直接向消费者宣传、推广绿色产品,讲解、示范产品的绿色功能。做好市场推广工作,使消费者了解并购买企业的绿色产品或服务,是绿色推广成功的关键。人员销售是工业企业主要的促销方式。要有效地实施绿色营销策略,销售人员必须了解消费者绿色消费的兴趣,回答消费者所关心的环保问题,掌握企业产品的绿色表现及企业在经营过程中的绿色表现。

(4) 绿色促销　绿色广告旨在通过广告媒体对公众宣传绿色知识、企业绿色产品信息等相关内容,引导消费者关注和理解绿色知识,接受绿色产品最终购买绿色产品。

6.1.3.2 绿色促销组合的选择

绿色企业在选择促销方式进行促销组合时,应注意以下几点。
① 结合企业产品的特点选择恰当的绿色促销组合策略。
② 选择合适的服务提供商,提高促销资金的使用效果。

③ 依据绿色促销的目标、对象，选择合适的促销组合策略。
④ 依据产品生命周期所处的阶段，选择适当的促销组合策略，如表 6-1 所示。

表 6-1　依据产品生命周期所处的阶段选择促销组合策略

产品生命周期阶段	绿色促销重点目标	绿色促销主要策略
导入期	建立产品的知晓度	绿色广告策略
成长期	建立产品的知名度	绿色广告、销售促进策略 （广告重点宣传企业及其产品品牌）
成熟期	建立产品的创新度	绿色广告、销售促进策略 （广告重点宣传产品的改进、特点）
衰退期	建立产品的偏爱度	绿色销售促进策略
全周期	建立产品的信任度	绿色公共关系策略

6.1.4　绿色促销的实施

根据国内外促销的大量实践，绿色促销的实施程序由以下六个步骤组成。

（1）确定绿色促销对象　绿色促销对象是针对可能在市场上产生购买行为的消费者群体提出来的，主要包括三部分人员：产品的使用者、产品购买的决策者、产品购买的影响者。

（2）制定绿色促销目标　绿色产品或服务的营销策略以网络促销活动能带动产品或服务销售的扩大为前提。不同的绿色促销目标，意味着企业运用不同的促销手段，同时，促销目标制定的合理性与否直接关系着企业整体产品营销计划的成功与否。

（3）设计促销内容　绿色促销的最终目标是引起消费者的购买。这个最终目标是要通过设计具体的信息内容来实现的。消费者的购买过程是一个复杂的、多阶段的过程，因此促销内容的设计，应当根据消费者目前所处的购买决策过程的不同阶段来确定。

（4）决定绿色促销组合　绿色促销组合包括四种组合方式，企业应当根据各种组合方式的特点，结合企业产品的特点、市场情况和顾客情况合理组合，以达到最佳促销效果。

（5）制定绿色促销预算　在促销方案实施之前，必须对该方案可能发生的各种成本费用进行相应预算，只有这样才能使有限的资金发挥尽可能好的效果，做到事半功倍。

（6）衡量绿色促销效果　绿色促销方案实施后，必须对已经执行的促销内容进行评价，衡量一下促销的实际效果是否达到了预期的促销目标，为做好促销活动的控制提供参考依据。

6.2　绿色广告策略

立邦油漆的广告策略

随着科学技术的快速发展，高质量、高性能的产品不断上市，消费者对生活用品的质量要求和性能要求不断上升，对产品的优劣看得很重，心理不断产生疑问：这个产品质量怎么样、功能多不多、是否环保、对家人的身心健康会不会造成危害。因此，立邦集团紧紧把握住消费者的心理，生产出了立邦油漆，其较大的优势就是绿色环保，无污染。

1. 品牌定位

立邦漆把品牌定位为"纯净期待，幸福成真"，为年轻人及下一代创造优质家居生活。

2. 优势分析

① 质量稳定、性能可靠、达到国家各项标准。

② 绿色环保，不含损害消费者身心健康的有毒物质，采用立邦净味技术，不添加香精，可快速净味。在保证健康环保、快速净味的同时，还具备防霉、抗碱功效。

③ 立邦漆刷在墙上，不会反光，可以保护顾客的视觉健康。

3. 广告设计

(1) 诉求对象　25～30岁拥有小宝宝的大众家庭。

- 通过广告宣传立邦漆的独特卖点（绿色环保）。
- 快速形成品牌传播效应，树立品牌个性。
- 增加立邦漆在市场上的份额，不断吸引更多的消费者。

(2) 诉求重点　诉求重点主要针对25～30岁的拥有小宝宝的大众家庭。随着生活水平和生活质量的不断提高，人们会对居住条件提出更高的要求，会对家进行高档的装修和保养，漆墙和做一些漂亮的墙绘是首要的选择，但是在做这些装饰之前首先考虑到的就是家人的健康，因此立邦漆的优势得以凸显。

(3) 广告语　纯净期待，幸福成真。

(4) 创意表现　用对比的手法来衬托出立邦漆绿色环保的一面。立邦漆健康环保的优势深受广大家庭的喜爱，使小宝宝在美丽的家庭环境里健康成长。

4. 媒体投放

(1) 电视广告

- 中央电视台：中央电视台是收视率较高的频道之一，在黄金时间播放立邦漆的广告，收视率会很高。
- 中国教育电视台：孩子的成长是父母较关心的问题，为了孩子的健康和未来，父母都会关注一些教育类的电视台，而中国教育电视台是较重要的频道之一，在这个频道上播放立邦漆的广告会引起很多父母的注意。

(2) 户外广告牌的宣传

- 公交车站的宣传栏：在公交站候车的人很多，他们在候车的同时会关注周围那些广告栏里面的内容，将立邦漆的平面广告镶嵌在公交车站的广告宣传栏里面会引起很多候车群众的关注，这样可进一步达到广告宣传的目的。
- 车体广告：在车的上面附上宣传广告，尤其是公交车的车体会受到很多人的关注，过往的公交车会穿梭在众多的人群当中，进而会引起更多的人来关注立邦漆的广告。
- 公交车内的把手和座椅后面：也是做广告宣传的好地方，坐在公交车里的乘客会很直接地看到广告，有一目了然的效果，这样公交车上的乘客会利用坐在车上的闲暇时间来看这些广告，进而了解到该产品的独特卖点，从而产生购买心理。
- 路灯广告：在路灯的杆子上打出立邦漆的广告会引起过路人的关注，尤其是夜晚打开路灯以后会照亮广告宣传牌，使广告更为明显。

（3）报纸、宣传单（册）的广告宣传形式　报纸和宣传单（册）的更新速度会非常快，发放的范围也会很广，消费者很容易就能从报纸和宣传册中得到重要的广告信息，进一步了解立邦漆的独特特点和自身的优势。

6.2.1　绿色广告的概念

广告是为了某种特定的需要，通过一定形式的媒体，公开广泛地向公众传递企业或商品信息的宣传手段。此处一定形式的媒体指的是广告媒介形式，通常指平面广告、电波广告、互联网广告、户外广告。平面广告通常包括报纸、杂志等媒介；电波广告指的是电视、广播等媒介形式；互联网广告指的是 PC 互联网、App 移动客户端等媒介形式；户外广告通常指交通系统站牌、LED 大牌、车体车身广告、电梯内广告等媒介形式。如今的信息传播方式多样，广告载体包括但不仅仅限于以上几种形式，比如一个事件、一个话题都可成为广告。

绿色消费的需求已进入中国消费者市场，运用绿色营销观念，指导企业的营销实践已成为必然趋势，其中重要的一环即是推行绿色广告。绿色广告是宣传绿色消费的锐利武器，是在保护人类生存环境的基础上销售产品的广告，它的功能在于强化和提高人们的环保意识，使消费者将消费和生存危机联系起来，使消费者认识到错误的消费将影响人类的生存并最终有害于个体，这样消费者就会选择有利于个人健康和人类生态平衡的绿色产品。

绿色广告是广告设计的一部分，绿色广告的概念必定不是单一、定向的，不过我们一样可定义总结出其中的核心内容。学者们对绿色广告设计进行了不同的定义，如对生态有益并准确传达企业诉求的广告形式、商业及非商业组织的生态化传播。广义上的绿色广告，其本质上是一种旨在改善人类活动与生物物理环境之间相互关系的广告传播过程，能够涵盖所有营利及非营利性传播者和受众，也能涵盖商业性和公益性的绿色广告。从狭义的角度来说，绿色广告设计是环境、品牌与人的和谐传播，人与品牌的和谐，涉及人与品牌之间在保护生态环境、开发利用自然资源方面的公平性。

绿色广告指的是代言绿色产品，通过广告的主题、文案和产品形象体现绿色环保的经营理念和主流文化，引导消费者树立理性客观的消费观念的广告。绿色广告应有意识地建立正确的价值导向，而非通过制造"广告舆论"去操控消费者。

运用绿色广告可以迎合现代消费者的绿色消费心理，对绿色产品进行宣传，这样容易引起消费者的共鸣，从而达到促销的目的。目前在我国，绿色广告作为一种营销战略还需引起广大绿色产品生产经营者的普遍重视。因此，绿色产品企业应该利用各种广告媒体，推行和运用绿色广告，引导绿色消费。

6.2.2　绿色广告的作用

6.2.2.1　有利于塑造企业良好形象

从某种意义上讲，企业形象决定着企业的命运。曾有人计算，美国可口可乐的牌子就值几百个亿。其实，这几百个亿并非牌子的价值，而是可口可乐公司的形象在消费者心目中的价值。一个企业在长期经营中积累很高的声誉之后，消费者对该企业有一种特殊的信赖，从而形成一种心理定势——非某企业的产品不买。这样的企业形象必将给企业带来长流不竭的财源。

绿色广告的创意在于突出产品的绿色要素,可以有效地消除消费者的一些顾虑,并产生试一试的念头。绿色广告强调了不会对健康产生损害,如果产品效用果然名不虚传,消费者便会由产品的尝试者变成长久的用户。爱屋及乌,消费者对产品的喜爱也会变成对厂家的青睐。绿色广告旨在推介产品的绿色元素,这就有可能营造出一种保护环境,保护生态的文化氛围,在这样的文化氛围里,消费者与生产者容易实现良好的沟通。人们在认同某一产品的同时,也会认同其企业形象,而企业形象一旦在消费者心里有了一定的地位,其产品也就不愁没有销路了。

6.2.2.2 有利于传播环保观念

绿色广告,是一种"人类生态广告"。它重现宣传对象的生命意义、生存意义。绿色象征生命,绿色广告具有生命的色彩,这就是说,绿色广告不同于一般的广告,是站在维护人类生存利益的基点上推销产品的广告。

由于绿色广告迎合现代消费者的绿色消费心理,对产品的宣传也容易引起现代消费者的共鸣。以往,我们看到一些广告,在介绍产品时,也突出强调产品的天然性,或者强调产品对环境的保护性,这类广告应该说属于一种绿色广告,只是其理性说服力欠佳。一旦形成了"绿色广告"的概念,在宣传产品时多在"绿色"上通过多种方式进行全方位说明和传播,必然会引起消费者的更大关注。

6.2.2.3 促进生产者和消费者及时沟通

绿色广告的制作,应充分考虑到广告的审美功能,使其成为一种悦人目、动人耳、快人心的艺术作品。其广告词可作为人们生活的调味剂,也可成为具有艺术生命力的精神产品,而绝不能造成新的环境污染(包括精神污染)。也就是说,绿色广告不仅要注意广告对象对环境的影响,也要注意自身对环境的影响。如果这两方面做到了,绿色广告就能真正担负起市场向导的作用,使生产者和消费者之间能进行及时沟通,达成两者之间的和谐发展。

6.2.3 绿色营销广告策划

6.2.3.1 广告目标确定

广告最终目标是通过宣传,在消费者心中提高企业及其产品的知名度,促使消费者在购买同类产品时,能指名购买,达到增加产品销量,提高市场占有率的目的。绿色广告将环境保护引入广告传播,从而使广告传播活动受到可持续发展的社会责任的约束。确定绿色广告传播的目标,一般包括:提高绿色产品知名度和美誉度,树立企业生态形象;传播绿色产品信息和绿色观念,引导绿色消费;增强产品竞争力,引导顾客理性购买等。绿色广告应以满足需求为出发点和归宿,既要满足现有与潜在的绿色需求,还要促进绿色消费意识的提高。

绿色广告目标通常表现为以下四种类型。

(1)引导性广告目标 是指通过增强消费者的环境保护观念,激发他们对自然的向往和渴望,同时引导他们形成高品质绿色生活方式,进而培育绿色消费意识,最终让消费者形成绿色消费习惯。

(2) 通知性广告目标　是指企业通过对产品的性能、特点和用途等的宣传介绍，提高消费者对产品的认识程度、理解度，以及对企业和品牌的记忆度，目的在于介绍新产品，开拓新市场，刺激消费者的购买需求。它适用于产品生命周期的介绍期（导入期）和成长期的前期。

企业的绿色广告可以向市场告知绿色产品的情况，宣传产品的绿色成分和环保特征，让消费者接受产品；其次可以通过宣传绿色产品带来的利益，树立并宣传绿色企业形象；也可通过宣传企业的绿色行为，建立消费者信任，获得消费者的认可和接受。

(3) 劝说性广告目标（竞争广告目标）　是指通过宣传企业产品较同类其他产品的优异之处，使消费者认知本企业产品能给他们带来的好处，从而增强对企业产品的偏爱度，目的在于加强产品宣传，创立企业产品品牌，树立企业形象和产品形象，培养消费者对本企业品牌的忠诚度，确定消费者的购买需求。它适用于产品生命周期的成长期后期和成熟期。

企业的绿色广告以产品特点为基点，建立绿色产品品牌并培养消费者对品牌的偏好；通过和竞争产品比较后，鼓励消费者转向绿色产品品牌；分析消费者对绿色产品属性的认知，说服消费者购买绿色产品，培养消费者对本企业的忠诚。

(4) 提醒性广告目标　是指企业通过提示性广告的形式，加深消费者对已有商品的认识，使现有消费者养成消费习惯，使潜在消费者产生兴趣和购买欲望，保持消费者对广告商品的好感、偏爱和信心，其目的在于巩固已有市场，满足消费者的购买需求。它适用于产品生命周期的成熟期后期和衰退期。

对于企业实施绿色广告来说，通过提炼产品绿色特征，提醒消费者购买绿色产品。通过立体全方位传播，提高企业品牌的知名度。对于潜在客户群体，要逐步获得消费者信任，使其最终认可企业的绿色品牌，将其转为现实客户。

根据产品特点设计绿色广告目标，表 6-2 是绿色广告的目标。

表 6-2　绿色广告的目标

目标	方式
引导	增强消费者的环境保护观念，激发他们对自然的向往和渴望 引导消费者形成高品质绿色生活方式 培育消费者的绿色消费意识 引导消费者形成绿色消费习惯
告知	向市场告知绿色产品的情况，宣传绿色产品的绿色成分和环保性 宣传绿色产品带来的利益，树立绿色企业形象 宣传企业的绿色行为，建立消费者信任
劝说	建立绿色产品品牌偏好 鼓励消费者转向绿色产品品牌 改变消费者对绿色产品属性的知觉 说服消费者购买绿色产品
提醒	提醒消费者购买绿色产品 告知消费者何处购买绿色产品 提高绿色品牌的知名度 增强潜在消费者对绿色品牌的认可

壹号土猪很土、很香、很安全

陆步轩作为北大"落魄才子",曾被媒体广泛关注。10多年后,陆步轩联手另外一位北大人陈生,联合推出"壹号土猪"品牌,做符合高端猪肉需求的品牌猪肉,年销售额已超过10亿元。分析原因,从根本上讲,农业互联网的兴起,在消费升级的大背景下,品牌猪肉市场容量大幅提升。人们对品牌猪肉需求大增是陆步轩和陈生成功的根本原因。

自己养猪、自己卖猪。卖的猪,除了品种土,猪场还拒绝采用现代常用的定位栏,取而代之的是半开放式的大空间,让猪自由活动,猪场里还设有音响,专门给猪听音乐,因为他说猪只有心情愉悦,才会长得又肥又壮。

陆步轩凭着自己多年的经验,和陈生合伙开办了培训职业屠夫的屠夫学校,他自己编写讲义《猪肉营销学》并亲自授课。每年"壹号土猪"都会招聘应届大学生,经"屠夫学校"40天培训,学习猪肉分割、销售技巧、服务礼仪、烹饪等,再前往档口工作。

2016年,陆步轩的"壹号土猪"登陆天猫,成为第一个面向大众消费者的"互联网+猪肉"品牌。

6.2.3.2 广告受众定位

广告受众定位是确定企业的产品广告或形象广告被哪些人看,他们属于是哪个群体、哪个区域等。如旅游信息广告是针对人们的外出旅游需求,提供交通、景点、旅游产品等信息服务,广告的受众应定位在旅游团体;职业信息服务广告是通过提供招聘和求职信息满足人们求职的需求,广告受众应定位在劳动力市场和人才市场。

随着绿色环保事业的不断发展,公众的绿色消费意识不断觉醒,越来越多的人对绿色消费持积极态度。绿色广告客体也通过实际的绿色消费行为切实参与到可持续发展的绿色循环中,成为倡导绿色低碳生活方式的实践者。绿色广告已逐渐让广告客体从原先的消费者、受众身份转变为参与者、生活者的角色,成为绿色消费的行动者,完成了从认知情感层面延伸到行为意向层面的过渡。在绿色广告的传播过程中既提升了广告客体的绿色消费意识,还营造了一种低碳生活、绿色环保的社会氛围。现在的绿色广告传播让每一位受众都能被绿色消费理念影响,使其成为低碳环保的践行者,每一位践行者又都有可能成为绿色产品的消费者。

6.2.3.3 广告主题选择

广告主题是指网络广告的诉求点,即广告将对消费者产生的预期认识、情感和行为反应。广告的主题一般有三种形式:理性主题、情感主题、道德主题。

(1) 理性主题 指直接向目标顾客和受众诉诸某种行为的理性利益,或显示产品能满足人们的需求,以促使人们做出既定的行为反应。

(2) 情感主题 指试图向目标顾客诉诸某种情感因素,以激起人们对某种产品的兴趣和购买欲望。

(3) 道德主题　指以道义诉诸广告主题，使广告接收者从道德层面上分辨出什么是正确的或适宜的，进而规范其行为。

6.2.3.4　广告创新创意

广告创意是指表现绿色广告主题的艺术构思。通过广告创意可将绿色广告主题的抽象观念转化为真实、具体的表现形式。

6.2.3.5　广告费用预算

广告费用预算是指企业投入到网络媒体广告活动的费用开支计划，它规定了计划期内从事广告活动所需的经费总额和开支范围。各个企业因其市场目标、销售任务、销售范围、销售对象的不同，其广告费用预算的分配标准也不一样。

(1) 按广告的产品种类分配　在广告产品种类较少而分配地区又较多的情况下，企业一般按产品种类来分配广告预算。

(2) 按广告的媒体分配　广告媒体费用一般占整个广告预算费用的70%～90%，因此按照广告媒体的不同来分配广告预算是企业最常用的方法。

(3) 按广告的地区分配　如果企业产品种类较多而销售地区较集中，企业一般可以按网络广告的不同地区分配广告预算。

(4) 按广告的时间分配　对于一些季节性强的产品和新上市的产品，企业可采用按广告的时间分配广告预算。

(5) 按广告的功能分配　按广告的不同功能分配广告预算，广告预算分为广告媒体费用、广告设计费用、广告制作费用、广告调研费用等。

6.2.3.6　广告信息设计

广告信息的设计应既能体现出企业文化和产品的特点，又具体生动，具有吸引力。在设计网络广告信息时，应遵循以下原则。

(1) 合法性原则　是指网络广告的设计应遵守《中华人民共和国广告法》以及有关法规、规章和规定。广告设计合法性的具体要求有：广告信息必须真实；广告信息应有益于身心健康；广告不得贬低其他生产经营者的产品或服务等。

(2) 新颖性原则　广告信息设计最基本的要求是能引起消费者的注意，而决定网络广告能否引起消费者注意的内核就是广告信息的新颖性。根据心理学理论，传统的东西已经产生心理疲劳，只有独特的、新颖的刺激才容易使人留下深刻的记忆。因此，广告信息设计应别具一格，具有思维的新颖性品质。

(3) 系统性原则　广告信息设计，应遵循系统性原则。首先，企业采用多种形式宣传同一产品或服务的网络广告在广告目标、广告策略、广告表现等方面必须协调一致；其次，进行广告信息设计时应保持品牌用词的一贯性，这样的系列网络广告才容易使网络广告受众产生沉稳、和谐和信任的感觉。

(4) 适应性原则　一方面要求广告信息采用大众化语言，以贴近广告受众的需求；另一方面要求广告信息应与广告投放环境相适应，与广告投放栏目相关，这样才能吸引更多人来点击和浏览。

(5) 简明性原则　广告信息不宜过分复杂，简单即是丰富，应留给网络广告受众以广阔的想象空间。若需要传递复杂的广告信息，可以通过网络广告的链接页面来实现。

绿色广告语品鉴

1. 让生活融入大自然。
2. 绿色自然，一直都在。
3. 绿色生态种植，传播健康价值！
4. 追求健康，回报社会。
5. 绿色种养，优品到家。
6. 健康好滋味，生活真精彩！
7. 用心挑选每一份食材，让顾客放心食用！
8. 超速快递，绿色温馨！
9. 新鲜绿色，健康传递。
10. 绿色一点，健康速递。
11. 服务快 e 点，美味鲜一点。
12. 电商快配，健康速达！

6.2.4　绿色广告信息设计

在设计绿色广告文案过程中，我们可以从以下几个方面体现绿色广告的特征。

6.2.4.1　标题具有新颖性

消费者每天接触的广告数量非常多，目光所及之处布满了商家不同类型的广告。消费者对广告标题比较敏感，常常被称作标题读者，即只看大字标题的读者。据哈佛大学商学院的调查，85%的广告不能引起人们的关注。标题如不吸引读者的注意，不激发读者的阅读兴趣，读者是不可能读到主题文案的。所以，绿色广告文案的标题必须唤起读者的注意，为此标题设计必须要采用引人注目的独特的内容和表现形式。在视觉上通盘考虑文案在版面中的位置，采用能吸引读者注意的字体、字号，使之能在一瞬间抓住读者眼球，引起读者关注。

对于绿色广告来讲，采用新闻、通告形式和断定形式是最佳的。绿色工程是一个全民性的、长期性的、意义深远的系统工程。通过新闻、广告形式可以明确具体地告知消费者绿色产品的信息，向他们明确地传递这些信息，有利于绿色观念的深入和促销活动的开展。

正文是文案的主题部分。开始阅读正文的读者，已经被标题的魅力所吸引，有了想再看下去的心理需求。在这个时候，正文必须有效地将诉求点转换过来并持续下去。为此，绿色广告的文案要明确有力地表现商品的质量、功效以及可以带给消费者的切身利益。首先要在正文的开头部分承接标题，使用有绿色意味的词语。

开头部分要能够再次唤起读者的兴趣，进一步提高文案的说服力。比如，在 NKK 广告标题"道一声珍重，敬爱的地球母亲"后，广告文案是这样继续下去的："地球，万物之源，她赐予了生命，哺育了人类。为了全人类的幸福，为了所有生命的现在和未来，使大地、空气、海洋免遭污染、保持清新是我们全人类的义务……"正文的开头到结尾，其内容有一定趣味性，让读者感受到只要购买该产品，就能得到更多的喜悦和满足感。最后，结尾部分还必须包含呼吁读者采取行动的要素，比如购买行动或引起注意。

6.2.4.2　广告创意中绿色因子的发挥

(1) 创意的视觉化　视觉传达不仅在报纸杂志、电视广告中运用，而且还普及到了户外广告、网络等领域。广告的视觉化是指形成创意的具体形象，使其以物理性的形象出现。换言之，用词语以外的方法促使创意形象化。

绿色广告创意的视觉化包括两个方面。一是绿色商品本身。绿色商品是绿色广告的主角，广告创意尽可能质朴单纯。如果单就绿色商品来进行创意思维，把消费者的注意力集中到一个视觉点，并且对其进行诉求，这样消费者的注意力或者兴趣就会相对集中，广告效果显然会更好。二是绿色商品背景。采用能够更加突出商品特点和功能的背景来衬托商品的手法。如"以白雪皑皑的富士山为背景，前面停放着白色的轿车""冰凉的溪流中，放置着冰镇饮料"给商品增添绿色的背景，烘托商品的绿色性能和特点，而不是直接诉说商品的绿色性能。通过绿色背景的刺激，来点燃消费者的消费欲望。这种迂回的创意符合了广告受众的心理特点。

例如法国的一个食品品牌，它的产品主打的概念就是新鲜，因此在广告中运用植物的本色就成了一枚利器，通过植物构建食物。

(2) 创意的思维方式　广告创意的思维方式包括事实型、形象型、垂直与水平型、放射型、头脑风暴型等等。其中，事实型思维方式指在广告创意中，以广告产品本身的诸多事实为依据作为创意的着眼点。事实型思维方式符合绿色广告的特性，能启发消费者的绿色消费心理。

如猎豹汽车所做的"天地广阔，自然大有可为"广告。创意主要以猎豹汽车本身所具有的事实（动力、性能、空间）为创意元素，并在此基础上进行组合，再完美地表现出来。此创意的绿色因子是人与自然的和谐统一，让消费者觉得买此车有利于环保，有利于减少空气污染，为净化空气做出了贡献。

6.2.4.3　广告制作中绿色色彩的安排

色彩能够给受众强烈的视觉刺激，不仅在平面广告中要经常用到色彩，而且在电视广告，甚至网络广告中，色彩都是不可缺少的视觉要素。绿色是大自然普遍存在的色彩，给人以平和、安静和活力。不同的绿色象征着生命的不同阶段：黄绿昭示青春和活泼；中绿展现健美和成熟；土绿表示衰老和沉重；而青绿则有理智、智慧、沉稳的含义。根据美国广告学家托马斯·比·斯坦利对广告中运用色彩的研究，绿色广告中运用绿色色彩，要注意以下几个方面。

(1) 利用绿色色彩突出广告主题　通过绿色广告色彩所显示的情调，使消费者受到某种特定情绪的感染，直接领悟到绿色广告所要传达的主旨。随着绿色浪潮的推进，广大消费者的绿色意识显著增强，如果在绿色广告中勾画出绿色的情调，凸显大自然的柔情，展示环境的优美，会让消费者的心灵受到撞击，产生心与心的交汇。比如，NKK"为了我们亲爱的母亲（地球）更加美丽，让我们共同做出新的贡献"。与此同时配的画面是高远的云，蔚蓝的海，洁白的帆……，这些会使人更加热爱大自然。这则广告增加了人们对NKK的了解和信任，从而在人们心目中树立了良好的企业形象。

(2) 利用绿色色彩暗示商品的绿色特性　运用独特的色彩语言，借以表达商品的种类、特性，便于消费者辨认、购买。当绿色商品和非绿色商品在同一卖场时，务必让消费者一眼就认出该商品为绿色商品。所以,对于POP广告来讲,要将绿色色彩运用得出神入化,通过分析绿色商品的用色特点设计合适的广告以方便消费者对绿色商品的选择与购买,避免消费者混淆。

6.2.4.4 淡化促销色彩,加强绿色广告的人文关怀

(1) 回归广告本身的信息传播功能　绿色广告应该回归广告本来的功能——提供信息。给消费者提供的信息可以是商业信息,也可以是某种新的生活状态、新的行事方式,或某种新的观念。通过绿色广告传播的绿色商品信息一定是真实、可靠的,否则,会引起消费者的反感,反而疏远了消费者。因此,广告代理商要善于捕捉绿色信息,开发新的绿色诉求点,不断强化产品的绿色特性,以便持续锁住绿色消费者,提升其对绿色产品的忠诚度。

(2) 以消费者的需求为出发点　真、善、美是消费者永恒的向往。尊重和了解这些人性化需求,注重人性化的沟通,使广告不仅传播绿色广告的理念,还能达成与消费者的默契。尤其是当产品日趋同质化时,广告给人带来的心理感觉越来越重要,只有把握住受众的脉搏,与受众进行情感沟通,才可能在竞争激烈的市场中获胜。

(3) 提高广告的审美性和趣味性　广告转型,应注意淡化促销色彩,张扬以人为本的人文精神,增强广告的审美性和趣味性,追求广告社会效益和经济效益的和谐统一。广告本身具有强烈的艺术气息,是唤起需求、引领消费的参谋,因此在艺术创作上要能体现一定的审美色彩,令消费者赏心悦目。增添广告的趣味性和审美性,不仅会受到消费者的欢迎,而且符合广告生态的要求。

农夫山泉广告主题分析

农夫山泉的广告语以"我们不生产水,我们只是大自然的搬运工"为主题,符合人们的常规思维,条理清晰,一步步递进,简洁有力且富有内涵。它牢牢抓住了人们对自然界的向往和对食品安全的担忧心理,以天然、健康为核心诉求,向消费大众宣传真正的优质水源。给人留下了自然、绿色的印象。

1. 创意分析

农夫山泉的这则广告向我们介绍了农夫山泉饮用水是健康安全的,尤其是"我们是大自然的搬运工"这句广告语,简洁有力而富有内涵。这句广告语突出农夫山泉天然的产品属性,很容易与消费者产生共鸣。

2. 广告媒体策略分析

农夫山泉在广告上投入巨大,在全国性媒体和地方媒体密集投放广告,短时间内强化和确立了农夫山泉独特的销售主张和形象。农夫山泉采用形象差别化的行销传播战略,从农夫山泉个性化的名称到"有点甜",再从"有点甜"到"好水喝出健康"突出了水质。

3. 效果分析

① 迎合了消费者对健康,安全的需求。

② 给予消费者良好的视觉效果和感觉。
③ 树立了农夫山泉良好的企业形象。

6.3 以绿色价值为导向的公共关系策略

公共关系是指组织机构与公共环境之间的沟通与传播关系。企业利用各种传播手段，有意识地与内外公众进行信息的双向交流，以塑造良好的企业形象，建立稳定融洽的顾客关系，有效促进营销目标的实现。

6.3.1 公共关系的特征

（1）根本目标是树立企业良好形象　公共关系是一门"内求团结，外求发展"的经营管理艺术。企业通过建立和维护各种关系，建立和保持与公众的良好沟通，赢得公众的理解、信任和支持，对内形成强大的凝聚力，对外形成强大的吸引力。

（2）沟通对象是社会公众　社会公众是指与企业相互联系、相互作用的个人、群体或组织的总和，包括政府、社区、社会团体、顾客、新闻机构、银行、竞争对手、企业内部员工等。公共关系的沟通对象就是社会公众，公共关系就是要维护好企业与社会公众之间相互合作、相互促进、共同发展的关系。

（3）基本手段是双向沟通的传播方式　公共关系的本质就是企业与其相关公众之间的有效信息沟通。公共关系传播是一种信息的双向沟通，一方面将有关社会公众意愿的信息传给企业，另一方面将企业的信息传播给社会公众，树立企业的良好社会形象，以求得社会公众的信任与合作。

（4）基本方针是持之以恒、不断努力　企业要同社会公众建立和保持良好的关系，需要付出艰辛的劳动，需要长期的、有计划的、持续不懈的努力。企业公共关系应着眼于企业的长远利益，不计一时得失，更要着眼于平时的努力，要通过平时点点滴滴的坚持为社会公众谋利益，才能逐渐树立良好的形象。

（5）基本原则是真诚、互利互惠　企业公共关系需要奉行真诚的信条。企业只有为自己塑造一个诚信的形象才能取信于社会公众。公共关系活动的开展必须贯彻真诚原则，企业只有诚实守信才能赢得社会公众的信任，才能实现与社会公众的双向沟通，维持和巩固企业形象。另外，公共关系必须坚持互利互惠原则，企业与其相关公众都有各自的利益，企业只有在满足社会公众利益的基础上实现企业的利益，才能促进企业与社会公众的关系得以长期、稳定、健康发展。

6.3.2 以绿色价值为导向的公共关系

6.3.2.1 绿色公关的概念

"绿色公关"是指企业受生态环保与经济可持续发展观念影响，选择具有"绿色"特征的媒体开展传播活动，以绿色为特色塑造企业形象，赢得公众的信任与支持，给企业带来更多便利和竞争优势的一系列公关活动。

绿色公关是树立企业及产品绿色形象的重要途径。它能帮助企业更直接、更广泛地将绿色信息传到广告无法达到的细分市场，给企业带来竞争优势。绿色公关直接造"势"，间接造"市",在培育消费者和潜在消费者的绿色消费意识,促进绿色产品的销售方面起着传统营销公关活动不可替代的作用。绿色公关对绿色营销的作用可从企业内部绿色公关、企业外部绿色公关以及完善企业绿色沟通网络等方面体现出来。

组织形象管理

1. 组织形象

组织形象指社会公众对一个组织机构的全部看法和评价,通过知名度、美誉度、认可度等指标反映出来。

(1) 知名度　指一个社会组织被公众知晓和了解的程度。

(2) 美誉度　指组织获得公众信任、赞誉、好评的程度。

(3) 认可度　指组织和服务让社会公众在观念上认同的同时,将其转化为实际选择行动的程度。

2. 组织形象管理

组织形象管理是指公关人员通过信息的有效传播和关系的协调,积极引导社会舆论,让自己所服务的组织的内外公众接受、认同这一组织的行为,从而在公众面前树立组织的良好形象,以获得公众好评的过程。它包括组织形象的信息管理和组织形象的对象管理、组织形象的目标管理、组织形象的传播管理和组织形象的人力资源管理。

6.3.2.2　绿色公关的方式

企业实施绿色公共关系策略可采取的形式有：进行演讲、发放教材建立信息服务机构、开展活动、提供绿色赞助、提供慈善赞助、举办主题活动、做本企业的绿色报告等活动,这样可以为企业树立公众形象。

(1) 绿色宣传　向社会或目标公众传递企业的绿色理念以及企业"绿色"方面的业绩,增强公众对企业的信赖感并宣传企业绿色形象。现代媒体是信息传播的主要渠道,企业要获取信息靠媒体,而公众要了解企业更要靠媒体。绿色形象宣传是通过媒体传递绿色企业和产品信息,从而引起消费者对产品的需求及购买行为。

(2) 大众传媒　大众传播媒介具有公开、快速、科学色彩浓、娱乐价值高、社会权威性大、容易形成轰动效应的特点,能够使公众相信它所刊载、传播的内容。因此大众传媒宣传是企业公关宣传的首选媒介,如电视、报纸、广播、网络、宣传手册等。在各种媒体中重视对企业绿色经营理念和绿色消费概念的宣传,传播绿色语言、绿色生活风格和绿色心情等绿色信息,烘托强烈的绿色文化。

(3) 环保活动　参与、组织各种与绿色和环保有关的事务与活动,如绿色赞助活动、慈善活动等,扩大企业绿色形象的影响。在策划绿色公关活动时,首先,要注重主题鲜明和形式生动活泼。根据公众的兴趣和娱乐心理,策划出符合其心理需求、无明显商业色彩、强调绿色观念的活动。其次,要选择恰当时机。公众闲暇时间、重大社会纪念日、新产品或新服务项目推出之际、重要人物莅临企业之际、企业组织荣获重大荣誉之际等，往往是进行企业宣传的关键节点，利用这些时机开展成功的公关活动容易引起公众的注意，形成公共关系的轰动效应，从而获得良好的公共关系效果。最后，活动要形成系列。定期举办以"绿色"为中心、具有内在联系、开展时间稍长的公共关系活动，以形成公关活动的规模效应，产生良好的宣传效果。

壳牌（中国）有限公司曾以环保为主题，开展全方位的公司形象公关。其举措包括"壳牌美境行动"、在北京密云认养"壳牌林"、赞助出版《儿童环保行为规范》、支持中国探险学会等。其中"壳牌美境行动"是这些活动中的重头戏，自活动实施以来社会各界的好评如潮，也大大提升了公司的形象和公众的认同度。开展绿色公关，树立公司绿色环保形象，不但对提高壳牌的经营绩效具有重大作用，还能使公司赢得社会公众的好感和信任，增强公司的竞争力。壳牌公司的绿色形象亦有利于增强公司的凝聚力，激发员工的荣誉感和奋斗精神，使形象力转化为生产力，从而提高公司的生产质量和经营效益。壳牌公司的绿色招牌还能赢得求职者的青睐。

（4）沟通网络　企业的绿色沟通就是建立与政府、社区、消费者等各方面的良好关系，形成绿色通道。有了四通八达的绿色沟通网络，就能提高外界对企业的知名度、美誉度，扩大企业的社会影响力，使企业的绿色营销如虎添翼。

（5）建立关系　政府对企业具有重要的影响力。政府的态度会影响社会舆论，从而影响和决定着企业的整个公共关系环境，以及所面临的挑战和机遇。因此，企业要加强与政府部门的绿色信息交流，积极主动地与政府有关部门及时沟通，主动参与环保活动，大力支持环保事业的发展，使企业赢得良好的信誉。

6.4　绿色销售促进策略

6.4.1　绿色销售促进

6.4.1.1　绿色销售促进的概念

销售促进又称营业推广，绿色推广是指通过绿色营销人员的绿色推销和营业推广，在销售现场和推销实地，直接向消费者宣传绿色产品信息、推广绿色产品，讲解、示范产品的绿色功能，回答消费者的绿色咨询，宣讲绿色营销的各种环境现状和发展趋势，激发消费者的消费欲望。同时，通过试用、馈赠、优惠等策略，促成购买行为。

绿色销售促进是指企业运用各种短期诱导，通过产品的绿色和有机特点，来实现目标顾客对企业产品或服务的购买和使用的促销活动。

绿色销售促进，根据促销对象的不同，可分为两大类。

（1）针对消费者的销售促进　包括折价促销、会员积点促销、赠品促销、抽奖促销等。

（2）针对中间商的销售促进　包括批量折扣、合作广告津贴、中间商销售竞赛、免费咨询服务等。

6.4.1.2　绿色销售促进的功能

（1）沟通功能　企业通过各种销售促进方式，能够起到通知、提醒、刺激消费者的作用,使消费者尤其是潜在消费者了解更多的产品信息,达到与消费者沟通的目的。

(2) 激励功能　企业运用销售促进手段,向消费者提供某些额外的利益,如样品的赠送、价格的让利等,可以有效地刺激消费者的试用和购买。

(3) 协调功能　企业运用多种销售促进方式,如购买馈赠、价格折扣、批量折扣、经销竞赛等,既可以刺激消费者和中间商的购买,又可以协调企业与消费者、企业与中间商的关系,保持与消费者和中间商,尤其是与中间商的稳定购销关系。

(4) 竞争功能　企业通过销售促进方法,可以有效增强企业产品对消费者的吸引力,促使消费者增加购买数量和购买频率,从而可以有效地抵御和击败竞争对手。

6.4.2 绿色销售促进的方式

6.4.2.1 折价促销

折价促销是目前网上最常用的促销方式之一。许多网上商店除了显著地标明市场价格和在线价格的差距外,大大小小的折价促销活动更是层出不穷,有的甚至将打折商品汇总为站点的一个固定栏目,如当当网上书店设置的图书特卖场。

6.4.2.2 捆绑促销

捆绑促销主要是指消费者在购买企业的核心产品时,可以以相对便宜的价格购买其他相关产品。如某电商的在线捆绑促销活动,允许消费者在购买两份商品之后,只花一元钱便可在指定的商品中再选取另外一份。

6.4.2.3 赠品促销

赠品促销一般是企业在新产品试用、对抗竞争品牌、开辟新市场时采用的一种促销方式。网上赠品促销可以提升企业品牌的知名度,可以起到很好的推广作用,通过设置获取赠品的资格附加条件,企业还能够及时地收集到真实、详细的产品反馈信息。

6.4.2.4 抽奖促销

抽奖促销已被很多网站广为采用,但随着各种名目的抽奖活动此起彼伏,抽奖的真实性和公平性越来越受到消费者的质疑,因此,抽奖活动必须做到:公正、简洁、有趣,并将抽奖进度及时通报。

6.4.2.5 积分促销

积分促销是一个较长期的活动。积分的多少往往对应着不同等级的产品优惠政策或是价值不同的奖品,它有利于建立消费者对企业产品的好感、对企业站点的忠诚。获得积分的形式多样,可以是购买产品、提出产品改进意见、在企业论坛发表文章、正确回答与企业相关的问题等。

6.4.2.6 在线交流促销

在线交流促销是指企业利用聊天室、即时通信类软件、企业论坛、留言簿等在线交流手段,组织消费者联谊活动或产品展销推广活动。如美国亚马逊公司在其网站下分门别类开设的聊天区，引导网民进行相关讨论，并适时推出对口图书，起到了很好的促销作用。

6.4.2.7 联合促销

联合促销是指企业与非竞争性的企业或其他组织结成促销联盟，共享信息资源和宣传推广途径，增加与潜在消费者接触机会的促销方式。联合促销的产品或服务可以是互为补充的，可以起到相互提升自身价值的效应，进而获得良好的促销效果。

在社区营业推广产品的注意事项

1. 注意整体性规划

社区营销推广在现阶段还处于初级水平，需投入的人力、物力较大。如果推广没有充足准备，效果一定会大打折扣。但如果准备充分，那么所获得的回报将十分可观。

2. 注意持之以恒

许多品牌在社区营销推广时总喜欢"一口吃成个大胖子"，追求轰动效应，认为在社区搞一次"户外秀"活动就能让销量出现爆炸式增长，结果可能为该活动花了数万元的费用却只卖出几千元的产品，落差很大，从而丧失信心，人为地给竞争对手让出市场。

3. 注意产品及企业的特性

有些产品在做社区营销推广时效果能够立竿见影，而有些却只能起到一些宣传、展示作用，对产品在现场的直接销售没有太大的实际意义，区别就在于推广是否结合了产品或企业的特性。譬如低价值的快速消费品，活动现场的顾客随机性购买率较高，而且容易受现场情绪的影响；而一些高价格的产品（如家电类）在做社区推广时其现场成交概率较小，更多的是起到宣传和展示作用。

4. 注意社区营销推广的目的性

要明确组织一次或数次社区营销推广的目的是什么，是为了扩大销售获得直接销售额还是仅仅为了做宣传，提高知名度，或者是两者兼顾？确认了目的，所有的操作才能实现资源的优化配置，达到效果最大化。

此外还包括注意与社区便利店和零食店的合作性、推广时间和具体地点，以及品牌形象等。

营销训练

知识要点训练

1. 请简述绿色促销的概念、方式及功能。
2. 绿色广告有什么作用？
3. 什么是以绿色价值为导向的公共关系？

绿色营销思维训练

1. 请结合实例谈谈绿色企业如何进行销售促进。
2. 某绿色化妆品要在"双十一"做一次推广活动,请为其设计促销方案。

职业素养训练活动:商品推销

每个小组根据任务卡的要求准备一条 30 秒的广告语,用来向特定人群推销商品。该广告应注意以下 3 点。

1. 该商品如何改善特定人群的生活。
2. 特定人群应怎样创造性地使用这些商品。
3. 该商品与特定人群的特有目的和价值标准之间是如何匹配的。

情景化训练

某品牌企业计划举办绿色营销大赛,本次大赛的主题分为三部分,请从产品开发、营销战略(产品/品牌推广)、公益活动中任选一个方面,提出自己的创意想法。

1. 产品开发:结合市场需求和品牌调性,提出从原料到包装全新的产品创意,开发绿色新品。
2. 营销战略:既可以为任意一款现有产品量身定制推广方案;也可以提出一个符合品牌形象的全新市场活动,打造品牌新势力。
3. 公益活动:结合当前社会热点,策划更贴近消费者的公益活动,塑造充满人文情怀的品牌形象。

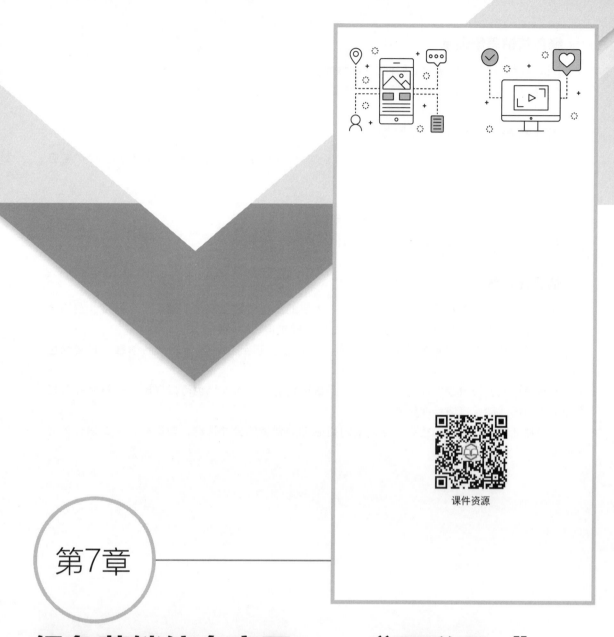

课件资源

第7章

绿色营销综合应用——"互联网+"背景下四川省绿色农产品的绿色营销模式

7.1 我国"互联网+"农产品发展现状及前景

7.1.1 我国"互联网+"农产品发展现状

2015年,中央政府工作报告中提出制定"互联网+"行动计划的要求。2016年,中央一号文件指出,"大力推进'互联网+'现代农业,应用物联网、云计算、大数据、移动互联等现代信息技术,推动农业全产业链改造升级"。至此,"互联网+农业"成为我国农业乃至世界农业发展的新方向。

作为一个农业大国,我国农业领域的一个突出问题是没有充分实现机械化和信息化。在传统农业中运用互联网技术,要提高农业生产力水平,使农产品市场信息渠道和流通渠道更加开放、畅通,从而使农业生产、供销体系得以紧密结合,实现提高农业生产力的目标。互联网将促进农村电子商务平台的发展,拓宽农产品的销售渠道,增加农产品的销售量,提高农民的销售收入,增加农业企业的销售利润。

当前的"互联网+农业"正试图改变农业生产到流通的环节(图7-1)。农业生产分为三个环节:产前(前期生产)、产中(中期生产)和产后(后期生产)。农业供应链的核心是产前和产中环节。利用互联网、物联网、大数据、机械化降低生产成本,提高生产效率,最终促进整个产业链改革。产后农产品流通环节与消费者关系密切。一批农业企业已经抓住"互联网+农业"的机遇,围绕农资电商、农业贸易、农业机械/植物保护、农业大数据、土地服务、供应链服务等构建服务平台。

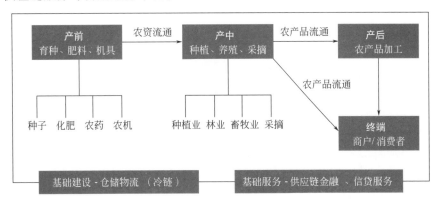

图7-1 农业产业链环节

7.1.2 我国"互联网+"农产品发展前景

随着我国迈向数字化的新时代,未来十几年,互联网将使我国GDP增长4万亿~14万亿元,占2014—2025年GDP增长总量的7%~22%。我国是一个农业大国,农业的发展是经济发展的重要组成部分,互联网对农业的影响是不可估量的。

我国农产品是一条巨大的赛道,我国农产品年消费超过万亿元。据统计,2017年我国生鲜市场交易规模达到1.79万亿元,比上年增长6.9%。预计到2022年,我国农产品交易规模将达到5.55万亿元(图7-2)。2018年,《中共中央国务院关于实施乡村振兴战略的意见》发布,振兴乡村已成为一项长期的国家政策,也为农业相关领域的发展带来了机遇。

2018年中国农业市场总规模超过10万亿元人民币，至此，许多行业巨头和上市公司都加大了在"互联网＋农业"领域的布局。据预测，未来农业产业链上的每一个环节都有千亿元甚至万亿元的市场空间。

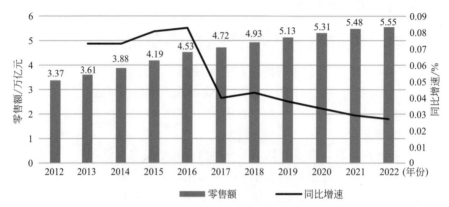

图 7-2　我国农产品市场交易规模及同比增速

随着冷链物流基础设施建设和冷链物流运作流程的不断完善，"互联网＋"农产品将得以快速发展。农产品正经历着明显而漫长的渠道变化。其趋势是传统流通渠道的份额进一步下降，市场份额被更高效、更先进的现代流通渠道所取代。

根据数据统计，2019年我国农产品流通各渠道占比情况如图7-3所示。农贸市场占比最高达到51.8%，而超市占比位列第二位36.4%，位列第三的是个体商贩占比为8.5%，电商占比为2.5%，占比最少的是便利店仅有0.8%。

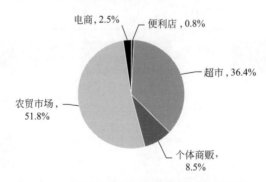

图 7-3　2019年我国农产品流通各渠道占比情况

近年来，随着绿色营销的不断推进，我国初步形成了较为完善的农产品绿色营销环境。《绿色食品标志管理办法》的实施、绿色食品"绿色通道"的实施、补贴政策、贷款优惠、关税优惠等方面都对促进农产品绿色营销的发展发挥了重要作用。

绿色国内生产总值（GGDP）核算框架的建成和相关法律法规的实施，极大地限制了那些以牺牲"绿色"为代价的企业行为和产品，绿色消费观念逐渐形成，消费者开始倾向于选择绿色健康的农产品，并愿意为"绿色"买单。根据国内的一项市场调查，超过50%的消费者会首选无公害农产品、绿色食品和有机食品。

7.1.3　我国"互联网＋"农产品绿色营销存在的问题

目前，我国"互联网＋"农产品绿色营销存在着农村网络技术和设施相对滞后、绿色营销意识有待提高、交通运输物流网络需进一步完善、媒体传播推广力度薄弱、品牌管理意识有待提高等问题。

7.1.3.1 农村网络技术和设施相对落后

在我国，农村是农产品的主要来源，但由于经济发展条件的制约和自身的特点，农村的互联网技术和基础设施建设远远低于城市。一方面，网络建设难度大，利用率低，投入产出不均衡，农村网络发展相对落后于城市。这一差异使得现有条件难以有效满足农村农产品销售互联网渠道的搭建。

7.1.3.2 农民的绿色营销意识有待提高

随着我国城镇化建设的不断推进，农村留守农民形成了典型的"369"结构。在传统销售观念的影响下，农村居民对现代"互联网＋"农产品营销缺乏热情，对不了解的事物充满了不信任。此外，因不了解具有现代特征的"互联网＋"农产品营销，农民难以积极主动地使用互联网交易，更不会积极利用互联网投资农产品。因此，具有特色的农产品的宣传还没有从根本上实现互联网化的绿色营销。

7.1.3.3 交通物流网络需进一步完善

物流是实现农产品线上销售的重要环节。因为无论农产品有多好，它们都需要得到很好的保存，并运输到消费者手中以体现其价值。尽管近年来我国物流发展迅速，但由于特色农产品的储存时间和储存条件的限制，对物流将有更高的要求。同时，在运输过程中，成本也随之增加，农产品的变质和腐烂不仅会损害消费者的体验，同时，也对企业的发展产生负面影响。因此，物流网络需进一步完善。

7.1.3.4 媒体传播和推广力度薄弱

在传播方面，媒介选择相对单一。目前，国内农产品广告大多是平面广告和户外广告，电视广告数量相对较少。电视广告对当前消费者追求"可视听化"心理的影响相对较大，从2011年开始，中央电视台陆续设立了"农产品供销站"等栏目，并播放农产品公益广告，增加农产品电视广告数量，推销部分滞销农产品，从而给农民带来效益。但是，由于农户生产分散，部分农村合作社缺乏农产品广告制作与媒介投放的资金基础，亦无法长期依赖电视公益广告，只能选择区域性的户外广告牌，这样就难以在全国范围形成大规模的推广。

此外，部分地区的农业和经济信息网站建设滞后，计算机终端和相关互联网培训等基础设备难以深入农村，互联网覆盖率较低。据统计，2019年我国涉农网站超过3万多家，其中电子商务平台4000多个，农村网民2.25亿人，但是远远低于城镇网民数量。

目前，我国农产品广告优秀作品较少。广告普遍缺乏创意和美感，成品效果参差不齐。因为农产品本身会因产地、品种等因素而表现出口味、品相等一系列的差异。许多农产品广告在制作和传播过程中缺乏统一的视觉识别系统，不能使消费者感受到其特有的标识性，进而影响消费者对产品的认知度，不利于品牌建设和产品营销。

7.1.3.5 品牌管理意识有待提高

2017年是国家品牌战略实施的第一年，也是农业部品牌推广的第一年。农产品品牌推广引起了地方政府的高度重视，各地区特色农产品企业品牌意识也逐步建立和加强。然而，目前市场反馈较好的农产品品牌如"褚橙""柳桃"等，基本上停留在靠名人效应创造价值的发展阶段，不适合地方性农产品的品牌塑造。结合农产品品名，以区域名称打造品牌的方式大量涌现，如"烟台苹果""阳澄湖大闸蟹"等。但是，在区域产品开发的实践过程中也暴露出一些问题：在各区域建立的区域公共品牌中，大多数品牌缺乏良好的品牌管理意识和品牌推广资金，所以品牌效应低，这些农产品很难销往全国。

7.2 四川省绿色农产品发展布局及管理现状

7.2.1 四川省绿色农产品发展现状及区域布局

7.2.1.1 四川省绿色农产品发展现状

四川省自1990年开始发展绿色食品事业，在各级党委、政府和农业部门的积极推动下，事业从无到有，产品从少到多。目前，四川省绿色食品涵盖了我国农产品分类标准中的5个大类29个分类，包括粮油、果品、蔬菜、畜禽、蛋奶、水海产品、酒类和饮料等。特别是近年来，城乡居民的农产品消费由数量需求为主向更加注重质量需求转变，加速了绿色食品消费需求的增长。四川省委各级政府和农业部门出台了支持和促进绿色食品产业发展的政策。自2004年以来，中央政府连续6个"一号文件"都对发展绿色食品做出部署。2013年，四川省委一号文件还提出大力发展"三品一标"农产品，有效促进绿色食品发展。

近年来，四川省"三品一标"建设呈现出产品规模稳定增长，基地建设稳步推进，质量稳步提高，品牌影响力不断增强，队伍建设持续加强，产业扶贫效果显著的特点。据统计，从2013年至2019年，四川省绿色食品的企业数和产品数总体保持上升趋势，企业数从2013年的274家上升到2019年的673家，产品数从910个上升到1593个（图7-4）。

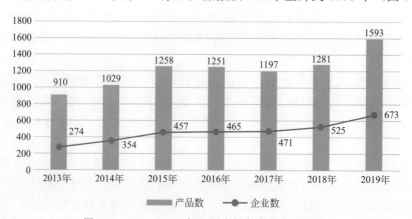

图7-4 2013—2019年四川省绿色食品发展情况

据统计，四川省 2013—2019 年绿色食品原料标准化生产基地总体呈现上升趋势，从 2013 年的 42 个生产基地提升到 2019 年的 66 个，生产基地面积总体保持稳定增长态势，四川省的绿色事业稳步发展（图 7-5）。

图 7-5　2013—2019 年四川省绿色食品原料标准化生产基地数和面积情况

截至 2019 年 5 月 15 日，四川省认定 5357 个"三品一标"农产品。其中，无公害农产品 3684 个，地理标志农产品 166 个，绿色食品 1385 个，有机农产品 122 个，绿色食品数量稳居全国前列、位居西部第一，"三品一标"农产品涵盖粮油、蔬菜、水果、畜禽等农产品及其加工产品。农产品合格率保持在 99% 以上，没有发生重大质量安全事件。

7.2.1.2　四川省绿色农产品区域布局

四川省绿色农产品生产区域布局与四川省的经济发展布局与规划紧密相关。根据四川省政府发布的《成都平原经济区"十三五"发展规划》等五大经济区发展规划以及《四川省人民政府办公厅关于优化区域产业布局的指导意见》等文件，明确了四川省重点布局产业市（州）绿色农产品重点发展领域（表 7-1）。

表 7-1　四川省重点布局产业市（州）绿色农产品重点发展领域

四川省重点经济区	市（州）	绿色农产品及衍生产品发展领域
成都市	成都	中药制造、川菜调味品、优质白酒、饮料制造、农产品精深加工
环成都经济圈	德阳	优质白酒、饮料制造、烟草制造、医药制剂
	绵阳	农产品精深加工、优质白酒、中药制造
	遂宁	优质白酒、农产品精深加工、休闲食品
	乐山	精制川茶、饮料制造、农产品精深加工
	雅安	精制川茶、饮料制造、农产品精深加工
	资阳	饮料制造、农产品精深加工、中药制造
川南经济区	泸州	优质白酒、农产品精深加工、中药制造
	内江	中药制造、生物制药
	宜宾	优质白酒、农产品精深加工、精制川茶
川东北经济区	广元	饮料制造、农产品精深加工、精制川茶、新型建材、绿色家具
	达州	农产品精深加工、医药制剂
	巴中	农产品精深加工、精制川茶、饮料制造、中药制造

续表

四川省重点经济区	市（州）	绿色农产品及衍生产品发展领域
攀西经济区	攀枝花	农产品精深加工、烟草制造
	凉山	农产品精深加工、医药制剂
川西北生态示范区	阿坝	农产品精深加工、矿泉水、中藏药
	甘孜	农产品精深加工、矿泉水、中藏药

（资料来源：根据四川省人民政府网站资料整理）

具体来说，在发展绿色农产品方面，各规划经济区各有侧重，成都重点发展中药制造、川菜调味品、优质白酒、饮料制造、农产品精深加工领域；环成都经济圈重点发展优质白酒、饮料制造、烟草制造、医药制剂、农产品精深加工、休闲食品领域；川南经济区围绕优质白酒、农产品精深加工、中药制造、精制川茶领域，实现一体化发展；川东北经济区重点发展饮料制造、农产品精深加工、精制川茶、新型建材、绿色家具、中药制造领域；攀西经济区重点发展农产品精深加工、烟草制造领域；川西北生态示范区重点发展农产品精深加工、矿泉水、中藏药领域。四川省在农产品加工方面，优先发展名优白酒、肉食品、粮油、纺织服装、烟草、茶叶、中药材等千亿级产业，高水平建设一批农产品加工园区。发挥水电能清洁能源优势，重在支持能源富集地区加快发展绿色载能产业。

7.2.2 四川省绿色农产品监督管理现状

7.2.2.1 四川省绿色农产品管理机构

四川省自1990年开始发展绿色食品，1992年7月成立四川省农牧厅绿色食品办公室，1994年12月，四川省绿色食品发展中心成立。该中心负责宣传执行国家绿色食品政策、标准，开发、建设绿色食品基地，组织对绿色食品原料基地生态环境的检测和产品化验，为绿色食品生产企业提供信息咨询服务，受托承办本省申办绿色食品标志企业的初审，负责绿色食品的管理工作。

四川省不断深化绿色食品质量安全专项整治，开展了严厉打击非法添加、滥用食品添加剂，加强对食用油、肉类和调味品的综合管理等一系列专项整治行动，并采取有效措施加强监督和管控。全面落实企业年检、产品抽检、市场监察和追溯体系建设等一系列监督措施，强化淘汰退出机制，严格检验不合格产品，确保产品质量稳定可靠，得到了社会的普遍认可，确保了绿色食品品牌的企业信誉和公信力。检查员、监管员和企业内检员队伍继续壮大，2016年，四川省共培训绿色食品检查员、监管员、企业内检员500余人，全面提高了省、市、县三级绿色食品工作队伍的专业素质和能力水平，有效保障了绿色食品事业的健康发展。

为保障消费安全，服务绿色产业发展，在四川省农业厅、四川省农产品质量安全中心、四川省绿色食品发展中心的主导下，由成都曙光光纤网络有限责任公司建设运营四川省农产品质量安全追溯系统。该系统利用物联网和云计算技术，以及SOA架构技术进行建设，重点解决农产品在种植养殖、投入品使用、原材料供应、生产加工、储存保管、物流运输、销售等环节的可追溯应用，实现农产品进行安全信息化的监测与管理。该系统由政府监管平台、企业管理平台和公众查询平台组成。四川省农产品质量安全追溯体系的建立，实质上是实现农产品的"数字化"和"身份证"管理，即建立农产品生产全过程的数据库，形成"政府—生产者—消费者"的可追溯数据链。

7.2.2.2 四川省绿色农产品认证现状

绿色食品认证分为产地认定和产品认证。产地认定由委托管理的省级以上环境质量监测机构组织实施，获得绿色食品产地认定证书的产品方可申请产品认证。产品认证由委托管理的部级产品质量监测机构组织实施。

依据《绿色食品标志管理办法》，凡具有绿色食品生产条件的国内企业均可按绿色食品认证程序申报绿色食品标志。申请人必须是企业法人。企业应具备绿色食品生产的条件；生产有一定规模，具有较完善的质量管理体系；加工企业须生产经营一年以上。非企业法人、无法控制产品质量的单位、团体、组织及有可能影响认证公正性的都不能作为申请人。绿色食品认证的主体包括：申请人、四川省绿色食品发展中心（省绿办）、定点环境监测机构、定点产品检测机构、中国绿色食品发展中心、绿色食品认证评审委员会。绿色食品认证的程序包括：认证申请→受理及文审→现场检查→产品抽样→环境监测→产品检测→认证评审→颁证。如图 7-6 所示。

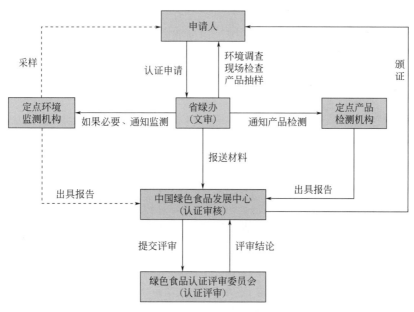

图 7-6　绿色食品认证程序图

7.2.2.3 四川省绿色农产品行业标准

自 1995 年颁布第一版绿色食品标准以来，农业部先后颁布了 204 项标准，现行有效标准 126 项，中国绿色食品中心发布生产技术操作规程 23 项，地方制定依据地方标准发布的绿色食品生产规程 300 余项，并于 2012 年又颁布了新修订的《绿色食品标志管理办法》，明确规定绿色食品质量监管全程纳入各级人民政府农业主管部门行政职能。

自 2003 年以来，四川省先后承担制定了 60 项绿色食品生产技术规程，其中，包括蔬菜 22 项、水果 20 项、粮食作物 4 项。这些绿色食品生产技术规程的制定、颁布和实施，对加快四川省绿色食品的发展，提高绿色食品质量，促进农产品生产的标准化，普及农业生产的新技术，创新农业生产观念，鼓励和引导农业产业化龙头企业开发绿色产品发挥了积极的作用。

7.3 "互联网+"背景下四川省绿色农产品绿色营销 SWOT 分析

7.3.1 "互联网+"背景下四川省绿色农产品绿色营销优势分析

7.3.1.1 自然地理条件优势

四川省位于中国西南部，地处长江上游，介于东经 97°21′~东经 108°12′和北纬 26°03′~北纬 34°19′之间，东西长 1075 余千米，南北宽 900 余千米；东连渝、南邻滇、黔，西接西藏，北接青、甘、陕三省；面积 48.6 万平方千米，次于新疆、西藏、内蒙古和青海，居全国第五位。全省地貌东西差异大，地形复杂多样。四川既有高原、山地，又有丘陵平原，位于亚热带气候区。根据水热条件和光照条件的差异，全省分为三大气候区：四川盆地中亚热带湿润气候区、川西南山地亚热带半湿润气候区、川西北高山高原高寒气候区。由于复杂的地形和不同季风环流的交替影响，地带性和垂直变化十分明显，立体气候明显，生物多样性突出，这有利于全面发展四川经济，特别是农业生产。

7.3.1.2 农业资源优势

四川省有山地、丘陵、平原和高原 4 种地貌类型，分别占全省区域面积的 77.1%、12.9%、5.3% 和 4.7%。土壤类型丰富，据第二次土壤普查，全省土壤类型共有 25 个土类、66 个亚类、137 个土属、380 个土种，土类和亚类数分别占全国总数的 43.48% 和 32.60%。

四川省的土地利用类型共分 8 个一级利用类型，45 个二级利用类型和 62 个三级利用类型。除橡胶园以外，其他省的一、二级土地利用类型四川省都有，在全国极富代表性，该省土地资源利用现状如表 7-2 所示。土地利用以林牧业为主，林牧地集中分布于盆周山地和西部高山高原，占总土地面积的 68.9%；耕地则集中分布于东部盆地和低山丘陵区，占全省耕地的 85% 以上；园地集中分布于盆地丘陵和西南山地，占全省园地的 70% 以上；交通用地和建设用地集中分布在经济较发达的平原区和丘陵区。

表 7-2 四川省土地资源利用现状

土地利用类型	辖区	耕地	园地	林地	草地	城镇村及工矿用地	交通运输用地	水域及水利设施用地	其他用地
面积/万公顷	4861.16	673.54	72.98	2215.35	1221.43	155.74	35.71	103.28	383.12
比例/%	100	13.86	1.50	45.57	25.13	3.20	0.73	2.12	7.88

（资料来源：《四川年鉴》2017 卷）

四川水资源丰富，居全国前列。全省年平均降水量约为4889.75亿立方米。水资源以河川径流最为丰富，境内共有大小河流近1400条，号称"千河之省"。河川水资源总量共计约为3489.7亿立方米，其中，多年平均天然河川径流量为2547.5亿立方米，占水资源总量的73%；上游入境水942.2亿立方米，占水资源总量的27%。地下水资源总量546.9亿立方米，可开采量115亿立方米。境内遍布湖泊冰川，有湖泊1000多个、冰川约200余条，在川西北和川西南还分布有一定面积的沼泽，湖泊总蓄水量约15亿立方米，加上沼泽蓄水量，共计约35亿立方米。四川水资源特点是：总量丰富，人均水资源量高于全国，水资源以河川径流最为丰富，河道迂回曲折，利于农业灌溉，并且天然水质良好。

在农业领域，四川省在土地资源和水资源方面有得天独厚的优势，是我国的农业大省，历来是重要的粮食产区。耕地面积居全国第6位；林地面积居全国第3位；竹林面积居全国第1位；水资源总量居全国第2位。同时，四川还是全国五大林区、五大牧区之一，是全国重要粮食主产区和重要农产品保护区，生猪出栏量、油菜籽产量均居全国第1位。经济作物油菜籽、甘蔗、茶叶、柑橘、蚕丝产量居全国前列；中药材驰名中外；银耳、生漆、毛竹等产品享誉全国。以"四川泡菜""峨眉山茶"等为代表的一批区域品牌享誉全国，攀西的芒果、安岳的柠檬、成都的水蜜桃等特色水果优势明显，"川字号"优质特色农产品已远销国内外。良好的农业基础为四川绿色食品事业发展创造了有利条件。

7.3.1.3 交通运输网络优势

古有"蜀道难，难于上青天"之说，经过新中国成立后70多年的建设，目前四川省已形成了一个铁路、公路、水路、航空和管道综合发展的现代化立体交通体系，已经成为西南地区的交通枢纽。铁路是四川沟通省内外运输的大动脉。目前，四川省铁路已形成包括宝鸡—成都等5条铁路干线、8条铁路支线和4条地方铁路组成的铁路网。全省公路以成都为中心，干、支线公路呈辐射状分布，同时，又辅以东西、南北线路的相互交织。主要的公路干线有：川藏公路、川青公路、川陇公路、川陕公路、川渝公路、川云东路、川云中路、川云西路及川滇公路等。成都汽车中心客运站是四川最大的公路客运枢纽站。四川的航空事业发展迅速，成都双流国际机场已成为中国四大航空港之一。四川拥有成都双流国际机场和绵阳南郊机场、泸州蓝田机场、达州河市机场、九寨黄龙机场、宜宾菜坝机场等通航民用机场（表7-3）。目前使用成都双流国际机场的航空公司有16家，航线140多条，可以直飞国内外众多城市。四川是全国水运发达的省份之一，长江横贯全省，是水路运输的干线，并与岷江、金沙江等支线沟通，在境内形成了一个天然的水路运输网络。四川水路主要有金沙江段、长江段、沱江和嘉陵江水系水域。其中，金沙江新市镇以下，岷江乐山以下，嘉陵江阆中以下常年可通轮船，乐山、宜宾、泸州是水路干道上的重要城市。

表7-3　2019年四川省公路、铁路、民航和水路运输方式完成运输量

指标	单位	绝对数	比上年增长/%
货物周转量	亿吨公里	2573.3	−8.7
公路	亿吨公里	1527.5	−15.8
铁路	亿吨公里	727.4	0.9
民航	亿吨公里	12.8	1.4

续表

指标	单位	绝对数	比上年增长/%
水路	亿吨公里	305.6	13.1
旅客周转量	亿人公里	1949.1	8.2
公路	亿人公里	437.7	−6.1
铁路	亿人公里	402.8	6.1
民航	亿人公里	1106.8	10.0
水路	亿人公里	1.8	−4.7

（资料来源：《2019年四川省国民经济和社会发展统计公报》）

7.3.1.4 "互联网＋市场"优势

根据2017年6月印发的《四川省"十三五"电子商务发展规划》显示在"十二五"期间，四川省电子商务示范工作成效显著，农村电子商务成果初步显现，全省电子商务规模持续高速增长，成都平原经济区、川东北经济区、川南经济区、攀西经济区和川西北经济区的电子商务格局基本形成。按照四川省经济发展区域划分，全面部署电子商务产业发展格局。

（1）成都平原经济区——多元化电子商务平台区域协同聚集高地　打造成德绵协同创新电子商务平台，建立高端装备产业电子商务升级转型试验平台，建设多级联动电子商务物流一体化平台，建立电子商务进农村自创平台整合服务体系，建立成都跨境电子商务综合服务平台。

（2）川东北经济区——农特文旅电子商务融合发展区　建设川东北全域智慧生态旅游服务体系，建设历史民俗红色文化电子商务展示推广体系，打造商贸物流电子商务区域中心，建设电子商务精准扶贫先行示范区。

（3）川南经济区——先进制造业电子商务综合试验区　建立产城融合电子商务创新服务模式，建设中国白酒电子商务升级转型示范区，搭建电子商务创新创业转化孵化平台，建立区域电子商务物流合作机制，建设川南全域旅游文化电子商务服务系统。

（4）川西北经济区——农牧文旅电子商务生态圈　建设农牧文旅电子商务综合服务体验区，建设"互联网＋生态环保"产业创新试验区，建立川西北文化教育公共互联网平台。

（5）攀西经济区——智慧康养农业电子商务创新基地　发展攀西特色农业电子商务展销服务体系，建设阳光康养智慧旅游电子商务服务体系，升级智慧社区电子商务服务水平，建设攀西物流中心及冷链物流基地。

从2012年至2018年，四川省电商交易额年均增长近50%，发展迅速，与经济社会融合创新度不断加深。从电商规模来看，四川省电商发展水平大幅提高。根据商务部电子商务司发布的《中国电子商务报告2019》显示，在西部地区，四川省网络零售额排名第一，占全国比重的2.17%，全省电子商务交易规模居全国第六，仅次于广东、浙江、江苏、山东和上海。全省共有76万家电商流通企业，11万多家电商生产企业。线上线下融合加深，电商扶贫效果显现。2018年，四川省实现电子商务交易额32986.9亿元，同比增长19.6%；其中，网络零售额实现4269.21亿元，同比增长28.6%。网络零售结构中，实物型网络零售额实现 2341.11 亿元，在网络零售额中占比 54.8%，服务型网络零售额累计实现 1928.10 亿元，在网络零售额中占比 45.2%。在顶层设计上，四川省出台《2018 年四川省电子商务工作要点》等系列文件，强调力争到 2020 年电商进农村覆盖率超过 80%。

7.3.1.5 农产品出口贸易优势

四川省自贸区的建立，一系列的贸易政策正在紧张有序地制定和实施，为四川省农产品出口建立更优良的出口贸易政策环境。同时"中欧班列"等基础设施，在硬件上为四川省出口农产品运输提供了保障。电子商务潮涌式的发展也为四川省农产品的出口提供了更多的渠道和更优良的平台。

近年来，四川省积极推进农业对外合作，着力构建农业全方位开放格局。截至 2018 年，四川省已有 27 家农业企业走出去投资兴业，涉及五大洲的 24 个国家和地区，在境外投资运营农业合作企业 74 个，累计对外农业直接投资存量 7.9 亿美元、投资流量 1.9 亿美元。2019 年四川省农产品出口总额约 8.2 亿美元，较上一年下降 0.5%。2015—2019 年四川省农产品出口情况如图 7-7。

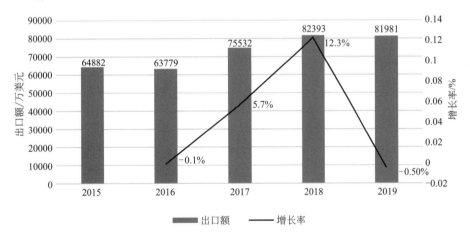

图 7-7　2015—2019 年四川省农产品出口情况

7.3.2 "互联网+"背景下四川省绿色农产品绿色营销劣势分析

7.3.2.1 绿色农产品市场份额较少

经过多年的发展，四川省的绿色农产品产业有了快速的增长，但和国内的其他地区相比，存在着一定的差距。根据 2019 年《绿色食品统计年报》，在绿色食品企业家数和产品个数方面，四川省绿色食品企业数低于江苏、山东、安徽、上海、黑龙江、重庆、湖南、浙江，四川省绿色食品产品数量低于江苏、山东、安徽、重庆、云南、黑龙江、湖南，企业数占全国比重为 4%，产品数量占全国比重为 5%。见图 7-8、图 7-9。

在绿色食品原料标准化生产基地数量上，四川省仅次于黑龙江和新疆，有 66 个生产基地，占全国的比重为 9%，但是，生产基地面积远低于黑龙江、内蒙古、江苏、新疆、安徽，占全国的比重为 5%。见图 7-10、图 7-11。

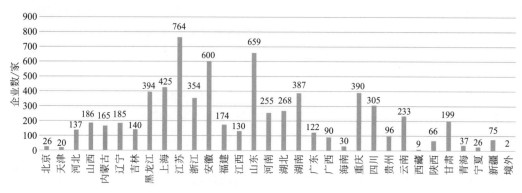

图 7-8 2019 年我国绿色食品各省企业数情况

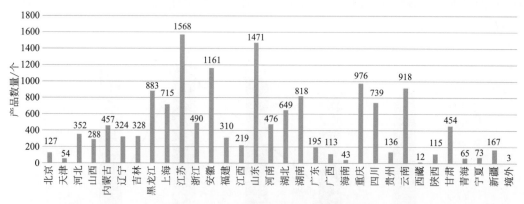

图 7-9 2019 年我国绿色食品各省产品数量

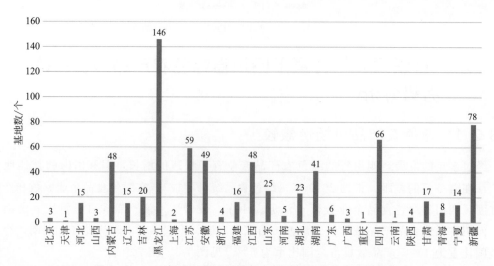

图 7-10 2019 年我国分地区绿色食品原料标准化生产基地数

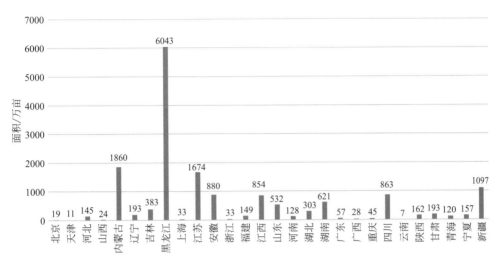

图 7-11 2019 年我国分地区绿色食品原料标准化生产面积

7.3.2.2 产业发展不平衡

在全国范围来看,绿色食品在企业结构、产品结构、产品加工程度方面存在着发展的不平衡。在绿色食品企业结构方面,初级产品生产企业占申报主体的比重较大,大型食品加工企业次之,深加工企业占比最少。在绿色食品产品结构方面,农林产品及其加工产品多,畜禽类产品和水产类产品少。在产品加工程度方面,初级产品、初加工产品多,深加工产品少。根据 2017 年的统计数据,四川省绿色食品企业中,初级产品生产企业所占比重比较大,为 65.6%;加工产品生产企业占企业总数的 34.4%,其中,深加工企业占企业总数的 14.8%。绿色食品加工程度中,初级产品和加工产品分别占 49.6% 和 33.2%,深加工产品占 17.2%(图 7-12)。由于产业发展不平衡导致产品品种较为单一,难以满足人们日益多样化的消费需求。

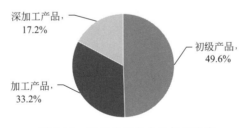

图 7-12 四川省绿色食品加工程度

7.3.2.3 优质优价尚未完全体现

一方面,由于某些绿色食品企业"重认证、轻实施",有些监管部门存在"重发证、轻监管"现象,再加上农产品信息不对称、以次充好等原因,农产品市场鱼龙混杂,作为消费者很难判断谁是优质的、谁不是优质的,谁是绿色的、谁不是绿色的,这容易出现消费者即使愿意花高价也很难购买到所需要的优质农产品的问题。另一方面,生产者根据消费者的需要生产了绿色、有机农产品，产品完全符合标准，绿色食品在生产过程中，对产地环境、农药、肥料等农业投入品有严格要求，生产管理过程中需投入大量人力物力，成本明显高于普通食品，但受品牌知名度、消费者认可度等多方面因素影响，往往还是不能获得应有的优价。据统计，绿色食品比普通农产品价格平均高出10%～30%，有机农产品要高出50%以上。

7.3.2.4 宣传力度不够

近年来，绿色农产品销售渠道不断增多增宽，产业规模也在不断增长。但是在全国范围内知名品牌寥寥无几，许多绿色农产品都是区域性品牌。这是因为许多绿色农产品企业重视申报登记，轻视宣传推广的问题比较突出，一些获得绿色食品标志的企业只希望通过获得绿色食品标志来提高商品价格，缺乏绿色食品品牌宣传意识，不重视品牌塑造和推广。宣传力度不够，导致绿色食品品牌影响力和渗透力不足。

7.3.2.5 专业绿色营销渠道缺乏

绿色食品中初级产品数量接近总产品数量的一半，其中以新鲜蔬菜和水果为主，新鲜农产品对物流，特别是冷链物流的要求较高。目前，我国果蔬类产品在运输过程中采用冷链物流的比例较低，与发达国家的平均水平相比，差距较大，冷链物流需进一步发展，对绿色食品品质和远距离市场的开拓发展影响更大。由于高效、先进、专业的现代绿色营销渠道尚待完善，我国农产品绿色营销还需要一个长期的渠道变迁过程。

7.3.3 "互联网+"背景下四川省绿色农产品绿色营销机会分析

7.3.3.1 绿色农产品符合绿色农业发展需要

依托于现代科学技术和先进管理模式，在保护自然资源的前提下，绿色农产品的发展可以实现经济、社会和生态的全面发展。在获得经济发展的同时，不破坏生态环境。同时，绿色农产品的发展可以通过加强农业科技创新，实现资源高效持续利用，提高自然资源供给能力，促进传统农业向集约、高效、安全的现代农业转变。

7.3.3.2 绿色农产品消费需求不断增长

由于我国人口基数大，人口总数不断增加，对绿色农产品的需求量急剧增长。人口净增长引起的绿色农产品消费需求增长潜力巨大。与此同时，消费者的消费水平显著提高，消费能力得到增强。这反映在居民收入、消费支出的增加和恩格尔系数的降低。从我国城镇居民和农村居民收入水平变化来看，城镇居民可支配收入由2013年的26467.0元增加到2018年的39250.8元。农村居民的可支配收入由2013年的9429.6元增加到2018年的14617.0元，见表7-4。随着收入的增加，无论是城镇居民还是农村居民用于消费的支出也不断增长，2018年城镇居民消费支出26112.3元，农村居民消费支出12124.3元。即使考虑到通货膨胀因素，中国居民的收入和消费水平也是大幅提高的。由此可见，当前国内消费者的消费实力正不断增强，已经具备绿色农产品的消费实力。

表 7-4　我国居民的消费支出和恩格尔系数变化

年份	农村居民可支配收入/元	农村居民消费支出/元	城镇居民可支配收入/元	城镇居民消费支出/元	恩格尔系数/%
2013	9429.6	7485.2	26467.0	18487.5	31.2
2014	10488.9	8382.6	28843.9	19968.1	31.0
2015	11421.7	9222.6	31194.8	21392.4	30.6
2016	12363.4	10129.8	33616.2	23078.9	29.3
2017	13432.4	10954.5	36396.2	24445.0	28.4
2018	14617.0	12124.3	39250.8	26112.3	28.2

（资料来源：中国统计年鉴）

随着我国城乡居民收入水平的不断提高，普通百姓的农产品消费支出逐年增加。目前，我国的农产品年消费量超过万亿。在农产品消费的平均水平上，我国城乡居民的肉、禽、水海产品、蛋类、奶类和水果类的人均消费量显著增加。在农产品消费质量方面，消费者倾向于追求高品质的农产品。在我国，注重质量需求的主要市场是城镇高收入居民，这部分消费群体的质量要求较高，且有能力消费。尤其是近年来，城镇居民对农产品质量、便利性和安全性的需求大幅增加，加工食品、包装食品和速冻食品的消费量大幅增加，绿色食品、有机食品和无公害食品的普及率逐年上升。

7.3.3.3　国家法律及政策支持

为保证农产品质量安全，保障公众健康，促进农业和农村经济发展，国家制定了《中华人民共和国农产品质量安全法》；为保障食品安全，保护公众身体健康和生命安全，国家制定、发布了《中华人民共和国食品安全法》和《食品安全法实施条例》；为加强绿色食品标志使用管理，维护绿色食品信誉，促进绿色食品事业健康发展，维护生产经营者和消费者合法权益，农业部制定了《绿色食品标志管理办法》。这一系列法律、法规和部门规章的颁布和实施，为提高农产品质量和安全、树立农产品品牌提供了法律依据，为绿色农产品的发展提供了法律保障。

从 2015 年至今，国家颁布了一系列的"互联网＋农业"、质量兴农、助农的政策。

（1）国务院出台《关于积极推进"互联网＋"行动的指导意见》（2015 年）　2015 年，国务院出台《关于积极推进"互联网＋"行动的指导意见》（以下简称《指导意见》），该《指导意见》提出了 11 项关于创业创新和现代农业的重点行动。《指导意见》推进"互联网＋电子商务"，开展农村电子商务综合示范，支持新农业经营者、农产品、农资批发市场对接电子商务平台，积极发展以销定产模式，改善农村电子商务配送和综合服务网络，着力解决农副产品标准化、物流标准化、冷链仓储建设等关键问题，开展农产品个性化定制服务。对新鲜农产品和农业生产资料开展电子商务试点工作，促进农业大宗商品电子商务的发展。

（2）国务院办公厅发布《关于促进农村电子商务加快发展的指导意见》（2015 年）2015 年，国务院办公厅发布了《关于促进农村电子商务加快发展的指导意见》（以下简称《指导意见》），该《指导意见》提出，到 2020 年，我国将初步建成统一开放、竞争有序、诚信守法、安全可靠、绿色环保的农村电子商务市场体系，农村电子商务与农村一二三产业深度融合，在促进农民创业就业、开拓农村消费市场、带动农村扶贫开发等方面取得显著成效。该《指导意见》提出了三大任务，包括：积极培育农村电子商务市场主体；扩大电子商务在农业农村的应用；改善农村电子商务发展环境。同时，在政策措施方面，意见提出加强政策扶持，深入开展电子商务进农村综合示范。

（3）国务院办公厅印发《关于支持农民工等人员返乡创业的意见》（2015年） 2015年，国务院办公厅印发《关于支持农民工等人员返乡创业的意见》（以下简称《意见》），该《意见》指出，支持农民工、大学生和退役士兵等人员返乡创业，打开新型工业化和农业现代化、城镇化和新农村建设协调发展新局面。通过促进产业转移、推动输出地产业升级、鼓励输出地资源嫁接输入地市场、引导一二三产业融合发展、支持新型农业经营主体发展等渠道带动返乡创业。《意见》强调要健全基础设施和创业服务体系，加强基层服务平台和互联网创业线上线下基础设施建设，依托存量资源整合发展农民工返乡创业园，强化返乡农民工等人员创业培训工作，完善农民工等人员返乡创业公共服务，改善返乡创业市场中介服务，引导返乡创业与万众创新对接。《意见》提出了支持返乡创业的五方面政策措施：降低返乡创业门槛；落实定向减税和普惠性降费政策；加大财政支持力度；强化返乡创业金融服务；完善返乡创业园支持政策。

（4）国务院办公厅印发《关于推进农村一二三产业融合发展的指导意见》（2015年） 2015年，国务院办公厅印发《关于推进农村一二三产业融合发展的指导意见》（以下简称《意见》）。该《意见》分总体要求、发展多类型农村产业融合方式、培育多元化农村产业融合主体、建立多形式利益联结机制、完善多渠道农村产业融合服务、健全农村产业融合推进机制6部分27条。

（5）农业部等8部门联合印发《"互联网＋"现代农业三年行动实施方案》（2016年） 2016年，农业部、发展改革委、科技部等8部门联合印发了《"互联网＋"现代农业三年行动实施方案》（以下简称《方案》），该《方案》提出，在经营方面，重点推进农业电子商务；在管理方面，重点推进以大数据为核心的数据资源共享开放、支撑决策，着力点在互联网技术运用，全面提升政务信息能力和水平；在服务方面，重点强调以互联网运用推进涉农信息综合服务，加快推进信息进村入户；在农业农村方面，加强新型职业农民培育、新农村建设，大力推动网络、物流等基础设施建设。

（6）国务院印发《关于进一步促进农产品加工业发展的意见》（2016年） 2016年，国务院办公厅印发《关于进一步促进农产品加工业发展的意见》（以下简称《意见》），该《意见》对今后一个时期我国农产品加工业发展作出全面部署，支持农民合作社、种养大户、家庭农场发展加工流通，鼓励企业打造全产业链，让农民分享加工流通增值收益。创新模式和业态，利用信息技术培育现代加工新模式。

（7）农业部印发《农业农村大数据试点方案》（2016年） 2016年，农业部印发《农业农村大数据试点方案》，决定自2016年起在北京等21个省（区、市）开展农业农村大数据试点，建设生猪、柑橘、花生等8类农产品单品种大数据。鼓励基础较好的地方结合自身实际，积极探索发展农业农村大数据的机制和模式，带动不同地区、不同领域大数据发展和应用。

（8）《农业部关于推进"三品一标"持续健康发展的意见》（2016年） 2016年，《农业部关于推进"三品一标"持续健康发展的意见》提出，"三品一标"（无公害农产品、绿色食品、有机农产品和农产品地理标志）是我国重要的安全优质农产品公共品牌，明确"三品一标"的发展方向是：遵循创新、协调、绿色、开放、共享发展理念，紧紧围绕现代农业发展，充分发挥市场决定性和更好发挥政府推动作用，以标准化生产和基地创建为载体，通过规模化和产业化，推行全程控制和品牌发展战略，促进"三品一标"持续健康发展。无公害农产品立足安全管控，在强化产地认定的基础上，充分发挥产地准出功能；绿色食品突出安全优质和全产业链优势，引领优质优价；有机农产品彰显生态安全特点，因地制宜，满足公众追求生态、环保的消费需求；农产品地理标志要突出地域特色和品质特性，带动优势地域特色农产品区域品牌创立。

（9）农业农村部等七部门联合印发《国家质量兴农战略规划（2018—2022年）》（2018年） 2018年，农业农村部等七部门联合印发《国家质量兴农战略规划（2018—2022年）》（以下简称《规划》），明确未来一段时期实施质量兴农战略的总体思路、发展目标和重点任务。《规划》指出，到2022年，要基本建立质量兴农制度框架，农业高质量发展取得显著成效；到2035年，质量兴农制度体系更加完善，农业高质量发展取得决定性进展，农业农村现代化基本实现。《规划》明确，到2022年，农产品质量安全例行监测总体合格率稳定在98%以上，绿色、有机、地理标志、良好农业规范农产品认证登记数量年均增长6%。《规划》同时提出，要构建农产品追溯标准体系，完善"高度开放、覆盖全国、共享共用、通查通识"的国家农产品质量安全追溯管理信息平台，并与国家重要产品追溯管理平台对接；要健全完善农药、兽药等农业投入品追溯体系。

近几年，全国全省各市县为推进绿色食品发展，出台鼓励政策，加大扶持力度。比如：四川省成都市出台《关于加强农业标准化品牌化建设的意见》，对获得"绿色食品""有机食品"认证的，按照做大做强农业产业化龙头企业相关政策给予奖励。绵阳市游仙区制定"三品一标"农产品认证奖补办法，对2017～2019年新获得认证的绿色食品农产品给予奖励。

7.3.4 "互联网+"背景下四川省绿色农产品绿色营销威胁分析

7.3.4.1 市场竞争非常激烈

近年来，国家为了促进农业的可持续发展、农村繁荣、农民增收，采取了一系列宏观调控政策，为我国绿色农产品产业的发展提供了更加宽松的国内市场环境。但是，随着我国各地区绿色农产品开发的不断深入，市场竞争日趋激烈。四川省绿色农产品营销面临着两个方面的竞争挑战。一方面，四川省绿色农产品的竞争挑战来自国内绿色农业发展强劲的省份。从全国范围内各省的绿色食品企业家数及产品个数来看，四川省位列全国第8位，优势地位明显，但是所占比重较小。另一方面，四川省绿色农产品的竞争是来自于全国范围内的普通农产品，由于四川省绿色农产品的企业家数少，产品个数少，规模小，并且绿色农产品的生产规模有限，产品品种结构单一，所以，相比普通农产品，绿色农产品所占的市场份额还是很小。

7.3.4.2 出口市场标准严厉

在出口或国际贸易中，绿色食品企业需要通过出口产品相应的检验和资质认证。技术性贸易壁垒（TBT，Technical Barriers to the Trade）是中国农产品出口到国外市场时遇到的主要障碍。技术性贸易壁垒主要是通过制定复杂而苛刻的技术标准（TS，Technical Standard）、卫生检疫规定（HSR，Health and Sanitary Regulation）、商品包装与标签规定

(PLR，Packing and Labeling Regulation) 等，以达到限制其他国家农产品进入的目的。由于四川省绿色农产品质量标准还未能与国际标准接轨，开拓国外市场非常困难，严重阻碍了出口。

7.3.4.3 环境污染日益严重

随着我国社会的发展和人类生产、生活速度的日益加快，环境污染问题近年来日益突出，对我国农业生态系统的直接和间接损失非常大。由于人们的过度开发利用，我国沙漠化速度加快，森林植被遭到严重破坏，水土流失严重，自然灾害频发，空气污染严重，水污染事件多发，给人们的生产和生活带来了严重危害，同时也带来间接的负面影响。

近年来，农村传统生产方式、生活方式都发生了巨大变化，农村经济发展与生态环境恶化的矛盾日益突出，农村环境污染问题已成为制约我国绿色农业发展的瓶颈。农村环境污染主要包括生活污水、生活垃圾等造成的生活型污染，以及农作物（化肥、秸秆）、畜禽养殖、水产养殖等造成的生产性污染。四川省农村环境污染监督、运营管理困难，污染治理技术力量薄弱尚处于起步阶段，畜禽养殖规模不足，养殖布局不合理等，导致四川省农村环境污染日益突出。

农业生产非常容易受到环境污染的影响。如果没有良好的农业环境，就不可能发展绿色农产品产业。农业环境是农作物、林木、果树、畜禽和鱼类等农业生物生存、发展和繁殖的自然环境，主要包括农田土壤、农业用水、空气、阳光、温度等。目前，人类活动引起的农业环境质量恶化已成为阻碍农业生物正常生长发育，破坏农业生态平衡的主要因素。

7.4 "互联网＋"背景下四川省绿色农产品绿色营销模式

在"互联网＋"的背景下，绿色农产品的绿色营销模式是以农业环境感知系统、信息处理系统、网络通信系统、自动控制系统的技术应用为基础，实现绿色农产品生产的智能化，依托电子商务服务平台，对农产品展开短渠道、高效率、多样化的绿色销售模式（图7-13）。农产品流通全程采用冷链物流技术，采用信息化、高效化的绿色物流管控模式，

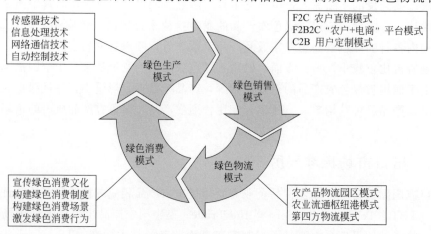

图7-13 "互联网＋"背景下农产品绿色营销模式

将绿色农产品输送到需求方,从而实现绿色供给和绿色消费的目的。这其中,要形成一个健康的、动态的、良性循环,关键是让消费者产生可持续的绿色消费。因此,要通过宣传绿色消费文化、制定绿色消费制度、构建绿色消费场景,不断激发绿色消费行为,以形成可持续的绿色生产、绿色销售、绿色物流到绿色消费的循环。

7.4.1 "互联网+"背景下四川省绿色农产品绿色生产模式

在"互联网+"的背景下,绿色农产品绿色生产模式是利用准确的感知技术,通过互联有效的传输,对农业生产对象和环境的状态做出智能化的管理决策,从而达到农业系统更为节约、高效、和谐、环保的目标。该模式应建立农业生产管理知识模型,开发农产品生产智能决策系统,实现科学施肥、节水灌溉、病虫害预警防治等智能化生产管理(图7-14)。同时通过相关培训,提升农民及企业对绿色生产模式的认知水平,在农业生产管理各个环节和流程中积极采用相关技术。

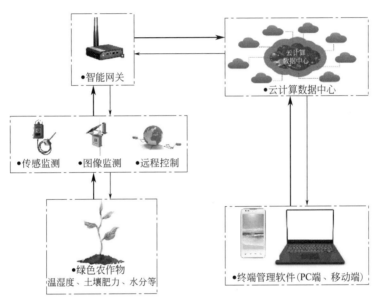

图7-14 "互联网+"背景下绿色农产品绿色生产模式

该模式是基于物联网服务平台实现的一种智慧农业模式,在设计原理上,包括感知层、传输层、数据层、应用层、终端层(图7-15)。感知层是终端各类传感设备的数据智能采集、终端控制设备接收指令和智能控制设备;传输层是基于5G、WiFi网络的安全数据通道;数据层是基于SQL Server企业级分布式数据存储;应用层包括监控中心、报表中心、任务管理中心、交流中心、溯源中心、流程中心等核心业务;终端层是实现智能手机及平板电脑客户端应用、电脑网页浏览及应用。

"互联网+"背景下四川省绿色农产品绿色生产模式的关键技术包括:传感器技术、信息处理技术、网络通信技术、自动控制技术。

7.4.1.1 传感器技术

传感器技术是绿色生产模式的基础,相当于人的感觉器官、神经末梢,主要涉及农业传感器技术、RFID技术、GPS技术以及RS技术等。信息感知系统对农业环境监测、温室控制、节水灌溉、气象监测等具有重要作用,具体如表7-5所示。

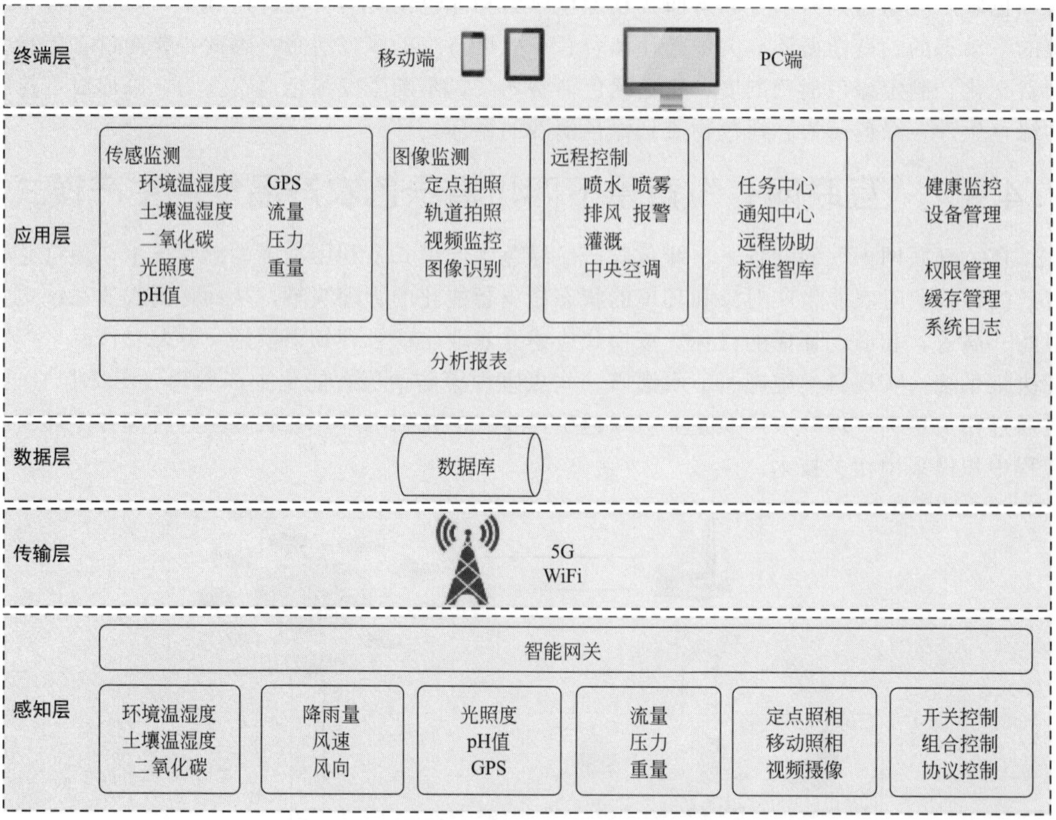

```
┌─────────────────────────────────────────────────────────────────────┐
│ 终端层              移动端              PC端                         │
├─────────────────────────────────────────────────────────────────────┤
│         传感监测        图像监测    远程控制    任务中心   健康监控    │
│         环境温湿度 GPS  定点拍照    喷水 喷雾   通知中心   设备管理    │
│ 应用层  土壤温湿度 流量  轨道拍照    排风 报警   远程协助   权限管理    │
│         二氧化碳   压力  视频监控    灌溉        标准智库   缓存管理    │
│         光照度     重量  图像识别    中央空调              系统日志    │
│         pH值                                                         │
│                          分析报表                                    │
├─────────────────────────────────────────────────────────────────────┤
│ 数据层              数据库                                           │
├─────────────────────────────────────────────────────────────────────┤
│ 传输层              5G  WiFi                                         │
├─────────────────────────────────────────────────────────────────────┤
│                     智能网关                                         │
│         环境温湿度  降雨量   光照度   流量     定点照相   开关控制    │
│ 感知层  土壤温湿度  风速    pH值    压力     移动照相   组合控制    │
│         二氧化碳    风向    GPS     重量     视频摄像   协议控制    │
└─────────────────────────────────────────────────────────────────────┘
```

图 7-15 物联网服务平台系统结构

表 7-5 主要环境要素及监测的重要性

主要环境要素	监测环境要素的重要性
温湿度	农作物的生长跟空气中的温湿度有直接的关系,最佳生长温度为 20~25℃
光照度	光照时间的长短、光质、光强强度的高低都会影响到光合作用速率,一定条件下,光照时间越长,产生的光合产物就越多
降雨量	通过监测降雨量,来判断是否浇灌彻底或者造成水涝,都对农作物生长有着直接影响
风速风向	农作物授粉的主要途径就是通过风力进行,通过测量风向风速来判断是否还需人工授粉
土壤肥力、水分	土壤的肥沃程度直接可以影响农作物的生长速度和质量,而水分则是植物赖以生存的主要因素

信息传输系统在"互联网+农业"中运用最广泛的是无线传感网络。无线传感网络（WSN）由部署在监测区域内大量的传感器节点组成,这些传感器包括：CO_2 传感器、温湿度传感器、土壤类传感器、光照类传感器、天气类传感器、水质传感器等。它们负责感知、采集和处理网络覆盖区域中被感知对象的信息并发送给观察者。

依托"互联网+"背景下四川省农产品绿色生产模式,可以实现借助天气、土壤、水资源、市场环境、市场需求等数据信息,在育种、栽培、施肥、灌溉等多个环节按照严格的标准进行,既实现了传统农业的精耕细作,也促成了农业生产的标准化,有助于提高土地生产率、劳动生产率、资源利用率、投入产出率。比如,基于传感器形成系统的生态体系,将农田、畜牧养殖场、水产养殖基地等生产单位连接在一起,可对其间不同主体、不同用途的物质交换和能量循环关系进行系统、精密运算,实现生产管理环节的精准灌溉、施肥、施药等。

7.4.1.2　信息处理技术

信息处理系统是实现"互联网＋农业"的必要手段，主要涉及云计算、GIS、专家系统和决策支持系统等信息技术。通过对感知数据采集信息的处理、分析和决策，实现对物理实体的有效监控与管理。

以四川省农业蔬菜大棚为例，"互联网＋"背景下农产品绿色生产模式是通过信息感知系统对蔬菜大棚内的环境进行监控，实时了解大棚内的温度、湿度、光照等环境因子，通过数据处理中心将终端信息进行处理，最后由数据处理中心人员通过数据分析、统计计算等方法分析大棚环境是否适合植物生长，并对大棚内的不利环境进行改进，以此为基础进行智能化的管理。

7.4.1.3　网络通信技术

网络通信技术是物联网物理系统的状态数据和应用服务反馈信号传输的基础。网络通信技术包括有线通信技术的应用和无线通信技术的应用。有线通信技术是将两个不同空间的电子设备作为传送数据的媒介，其优势在于传播数据稳定、抗干扰能力强等。在农业生产领域常用的通信技术主要有 RS-232/422/485、Field-bus、Ethernet 等。无线通信技术根据所需通信距离可以分为短距离无线通信技术和长距离无线通信技术。长距离无线通信技术包括无线广域网和无线城域网，短距离无线通信技术包括无线局域网以及无线广域网。无线广域网主要采用 GSM、GPRS、CDMA、GPS 和 3G、4G、5G 等常见的全球化通信技术。无线城域网采用 WiMAX（全球微波接入互操作性）通信技术，可以利用天线向地面设备提供高效的互联网连接。无线局域网就是生活中最为普遍的无线网，用户只需简单操作和小小的投资就能获得良好的网络资源。但是无线网受距离限制和环境的干扰而产生信号强弱变化，其路由器电子设备耗电量大。无线广域网主要包括 Bluetooth，IrDA，RFID 等技术，是小范围内个体间传播数据的网络通信技术。在绿色农业生产的过程中，无线广域网在大型农业设施及其管理领域中获得极大的收获。例如，根据 GPRS、GPS、GSM 等技术可设计基础的土壤信息实时监测系统、农田水样数据监测系统、温室大棚控制系统等，在方便农户实时掌握农作物状态的同时，极大地提高了生产效率。另外，随着通信技术在农业生产领域研究的深入，无线广域网在农业生产中具有诸多应用，例如，以红外线技术为基础的变量磷肥施肥系统、以蓝牙技术为基础的温室环境控制系统等。无线通信技术在农业生产中的应用较有线通信技术的应用更为广泛，因为无线通信技术在设备的建设和维护方面的费用更为低廉、组网操作便捷、扩展更为灵活，可以根据不同的生产需求使用不同的无线通信技术，以促进农产品生产中农业设施的自动化、信息化、智能化建设。

7.4.1.4　自动控制技术

自动控制技术是通过接收执行命令来控制执行器执行动作，最终影响物理实体状态，是一个从物理世界到信息空间再到物理世界的循环过程。农业智能控制系统能根据实时的农田环境数据、农作物生长情况，利有数据挖掘技术、图像处理技术、专家决策库系统，借助自动控制农田设备，调节农田环境参数，控制农作物生长。

自动控制系统一般包括：环境参数自动调节系统、自动施肥/灌溉系统等。在农作物生长的不同阶段甚至不同时刻,对环境参数要求有很大的差异,比如在西瓜的结果期,白天需要更强的光照强度和二氧化碳浓度以增强光合作用,而夜间则需要降低温度和增加二氧化碳浓度以降低呼吸作用。因此,为了使农田环境更好地适应农作物生长,需要实时调节农田环境参数,比如二氧化碳浓度、光照强度、温度、湿度等。借助传感器网络对农作物生长环境数据进行实时采集,通过对这些数据进行分析,由专家决策系统给出决策,并向底层控制系统发送控制命令,从而实现环境参数的自动调节。水和肥料在农作物的生长过程中起着至关重要的作用,在农作物生长的不同阶段,对水和肥料的需求有很大差异。通过对土壤水分和营养元素含量的实时监测,结合专家决策系统,实现农作物的自动灌溉和施肥以满足农作物不同时期对水和肥料的需求。

农业智能控制系统已实现与手机端、平板电脑端、PC电脑端无缝对接。方便管理人员通过手机等移动终端设备随时随地查看系统信息,远程操作控制相关设备。

总之,"互联网+"绿色农产品的绿色生产模式是基于精准的农业传感器进行实时监测,利用云计算、数据挖掘等技术进行多层次分析,提高了农业生产对自然环境风险的应对能力,使弱势的传统农业成为具有高效率的现代农业。

7.4.2 "互联网+"背景下四川省绿色农产品绿色销售模式

"互联网+"背景下四川省绿色农产品绿色销售应大力发展电子商务,农产品销售过程以全球化的互联网为基础,运用信息技术,将先进的理念运用到绿色农产品的销售活动中。四川省绿色农产品网络销售的渠道广阔,目前网络销售主要包括自建农产品网络商城、自营类客户端、农户或绿色农产品生产/采购企业在第三方电商平台注册开店、电商平台垂直采购等方式。以下重点介绍F2C农户直销模式、F2B2C"农户+电商平台"模式、C2B客户定制模式。

7.4.2.1 F2C农户直销模式

F2C即Farmer To Customer,农户直销模式,这种模式凭借其便捷性、高效性、灵活性的优势,受到农户及消费者的普遍认可,发展迅速,并形成了自身发展的特点。一是农户参与可行性高。一方面,F2C农户直销模式操作相对简单,且准入门槛较低,使得众多农户只需通过简单快捷的学习,便可掌握网上产品销售的整个流程。另一方面,随着移动终端的广泛普及,经营网店所需硬件设备的条件与费用均在大幅降低,显著降低了农户开店成本。二是经营方式灵活多变。较之传统直销方式,以互联网为基础建立起来的F2C农场直销模式具有更大的灵活性、自主性以及多样性。三是产品销量显著增长、生鲜预售异军突起。

F2C模式下,农户通过预售的方式,在交易平台上向消费者事先发布生鲜产品的预售信息,如果消费者有意购买产品,则需要预付一定的订金,而到产品成熟后,便可用比正常售价低的价格优先获得产品,生鲜预售方式使农户更好地实现了按需生产,一定程度上解决了滞销的问题。随着F2C模式的不断深化,直销模式中衍生出"农产品+认养"的创新模式。"农产品+认养"模式是将互联网的创新技术与传统农牧业养殖结合起来,它致力于打造成集共享农场、生活商超、农业咨询、技能辅导、乡村旅游服务等于一体的现代化农业综合服务平台,构建智慧型互联网农业生态圈。具体来说,农产品的消费者通过认养农业的App认养中意的农产品,并且可以监控农产品的生长过程,消费者可以到农业产业园区、农业基地、农业大户中,亲自参加某些农产品生长过程中的劳动环节,农户提供咨询、指导服务,同时带动乡村旅游发展。

7.4.2.2　F2B2C"农户＋电商平台"模式

F2B2C 即 Farmer to Business to Customer。F2B2C 模式主要由五部分组成,农民、消费者、第三方平台、物流配送环节和支付环节。第三方平台发挥信息展示的作用,农民和消费者根据第三方平台的信息进行相关活动,最终通过支付环节和物流配送环节实现销售、购买的交易模式。F2B2C 模式不同于 B2B、B2C、C2C 模式,F2B2C 的主体是农民和消费者。农民是农产品的生产者和制造者,对农产品有更加深入的了解,并且比其他的经销商具有价格优势和质量优势,而消费者根据自身需求直接给农民下订单,这样就免去了供应商从农民手中进货的环节,再加上完备的物流配送体系,即可显著提高配送效率。随着温室大棚技术的发展,生鲜农产品已不再受季节条件的限制,该模式提供的消费者直接向农户下订单功能,大大满足了消费者的需求,同时以销定产也减少了浪费。

F2B2C 模式的具体运行模式为:农民提供生鲜农产品并将其展示在第三方平台上,消费者通过第三方平台传递的信息选择自己需要的生鲜农产品。一旦消费者下单,第三方平台将订单信息传递给农民,农民按订单将生鲜农产品打包交由第三方物流配送。在配送环节,第三方平台对农产品的配送实施监控和追溯,保证农产品及时、快速、安全送达消费者手中,同时通过第三方平台将送货信息传递给消费者。农民和消费者通过支付中介进行交易。如果出现退货或者换货,消费者可以通过第三方平台直接和农民联系,支付中介也将相应的款项直接退还给消费者。

第三方平台的盈利模式是借助平台的媒介作用,收取小额的交易费用和信息展示费用。第三方平台还对农产品供应商(农民)实施严格的认证,只有取得相应资格认证的供应商才可以在此平台上进行产品信息的发布与展示,这保证了农产品在生产环节的安全、健康。F2B2C 模式把生产环节、供应环节和销售环节组成了一个系统。该平台可以发挥"双重集散"功能,买者和卖者都能参与这一过程,卖者可以通过平台接收订单,买者通过平台传递购买信息,然后通过专业的配送网络确保生鲜农产品的供应。该模式实现了供求信息的双向沟通,一定程度上缓解了信息不对称造成的资源浪费。农民通过第三方平台提供农产品信息,消费者在第三方平台下订单。第三方平台作为信息交换中心,为农民提供订单反馈信息,为消费者提供订单反馈信息,这样就实现了线上线下的紧密结合。具体流程如图 7-16 所示。

第三方平台的作用被大大削弱,把物流配送环节和支付环节从第三方平台剥离出来,与 B2C 和 B2B 不同,F2B2C 模式下第三方平台只是作为信息交互媒介而存在。在物流配送环节,农民直接选定第三方物流或者自建物流进行配送,不需借助平台进行信息沟通,平台在这一过程中只是监督、追溯产品的配送。支付环节简单、方便、安全。此外,作为第三方应秉承公开、透明的态度,为消费者提供信息参考。

7.4.2.3　C2B 客户定制模式

C2B(Consumer to Business)是电子商务模式的一种,即消费者对企业,是以消费者为中心,由消费者驱动而不是生产企业驱动。真正的 C2B 应该是先有消费者需求,后有企业生产,它的需求是个性化需求,其特点是多品种、小批量,快速反应,平台协作。

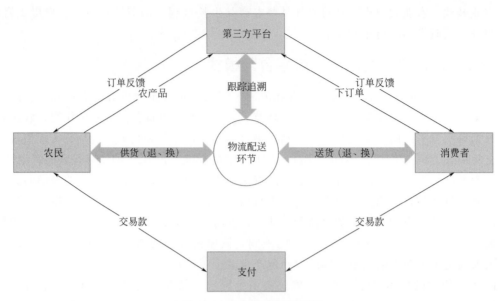

图 7-16 F2B2C 模式流程图

绿色农产品 C2B 客户定制模式（图 7-17）是消费者根据自身情况对绿色农产品电商平台服务商提出需求，服务商在消费者和农民之间起到联结的作用，绿色农产品的种养户按照消费者需求进行生产，不仅可以让消费者吃到优质的农产品，而且还通过绿色物流体系，打破优质农产品走向消费者餐桌的最后一公里的障碍。在该模式下，C 端客户通过互联网终端下单，消费体验好。B 端企业对接基地农户，农户按需生产，定向专供，真正实现零库存。绿色农产品 C2B 客户定制模式通过缩短绿色农产品流通渠道，既保证了绿色农产品的质量，增强了消费者的体验，同时又降低了中间渠道环节的成本。

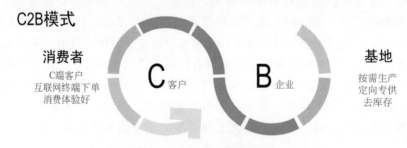

图 7-17 C2B 客户定制模式

"互联网＋"背景下四川省绿色农产品的 C2B 绿色销售模式可以借鉴奢依汇（深圳双安智农科技发展有限公司）的模式，该公司在全球率先以"智能机器人＋有机农产品 C2B 运营模式"打造双安服务平台。该平台以物联网技术为基础、视像技术为支撑、智能硬件为载体，结合云计算与大数据应用，整合传统农业产业资源，垂直细分市场，打破场景限制，优化消费途径，通过免费领养"智能机器人"的方式，精准定位用户群体，利用人工智能的综合能力，为领养家庭进行食品安全检测、家庭安防预警及有机农产品私人定制，为注重生活品质的家庭提供"食品安全·家庭安防"的双安保障服务。具体来说，该平台有三大特色优势。一是提供的个性化私人定制服务是从客户角度出发，用户想吃什么，平台就种植什么，根据大数据制订生产计划，安排种植。二是提供安全健康的有机农产品，种植基地拥有国家一类水质、无有害重金属污染的土壤、远离都市的纯净空气。农产品生产过程中不使用化学农药、化学肥料、激素、添加剂、转基因种子。拥有可持续发展的商业化作物生产流程，具备先进的 SDR 锁水保鲜技术，确保食材营养新鲜。同时，提供自配车队、全程冷链、宅配到家服务。三是用户免费领养智能硬件，可以自主选菜、下单及远程参与基地生产情况，平台提供食品安全检测、家庭安防预警服务。

7.4.3 "互联网+"背景下四川省绿色农产品绿色物流模式

由于绿色农产品的流通渠道有差异，物流模式会有所不同。本部分重点阐述"互联网+"背景下的几种农产品的绿色物流模式。

7.4.3.1 农产品物流园区模式

农产品物流园区具有运输集散、仓储、配送、流通加工、报关、检验检疫等多种功能（图 7-18）。通过依托物流园区的物流基础设施，把绿色农产品从供方送达到需方。通过发布、查询农产品物流运输信息，可以提升绿色农产品物流的效率。农产品物流园区模式可以为入驻园区的企业提供农产品展示和展销服务，收集、处理、分析、公布与农产品交易及其产品相关的信息，以洽谈、拍卖等方式实现现场交易、现场结算。

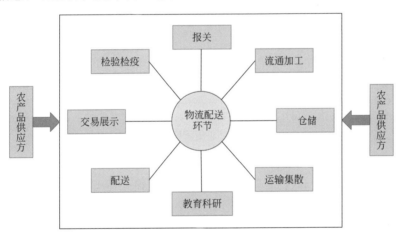

图 7-18　农产品物流园区模式

四川省绿色农产品物流园区模式可以借鉴天津海吉星国际农产品物流园的成功模式，该农产品物流园区占地 6000 亩，总投资 150 亿元。物流园主动融入京津冀协同发展，立足天津，服务京津冀，辐射三北地区及东北亚，打造北方地区农产品交易集散中心。天津海吉星国际农产品物流园全力推动物流园信息化、智能化。通过建立食品安全可追溯机制，提升物流信息化水平等方式不断优化冷链物流经营发展的核心竞争力。通过推行基于信息化技术的电子结算交易、电子备案系统、智能门禁系统等，实现进货有记录、流向可追踪、质量可追溯。该园与国家质检总局共同建设第三方检测实验室，对进入物流园的所有农产品实施严格的质量管控，力求提供健康、安全、可追溯的农产品，确保食品安全。同时，天津海吉星国际农产品物流园全力打造冷链物流全程标准化。冷库管理系统仓储功能对租仓用户提供仓储、装卸、配送、信息处理等全过程信息化仓储服务。仓库库位实行精细化管理，动态库位概念的引入将极大提高库位利用率与上架流程响应效率。冷库管理系统的使用也缩短了订单处理时间，提升了现场作业效率，降低了分拣作业出错率，提升了订单流转效率。订单波次管理通过对多份订单进行合并管理，节省人力与物力资源。库区内引进 RFID 无线射频技术，提高了库内操作人员的工作效率。仓储费用计算实行自动化管理，有效避免计费人员误操作与违规行为。冷库管理系统实现了业务系统间的信息共享和园区业务系统的集中部署和管控。

7.4.3.2　农业流通枢纽港模式

农业流通枢纽港模式（图 7-19）是升级版的农产品物流园，是线上线下结合的模式，是"实体连锁＋线上服务"，是农业流通产业链的整合升级。农业流通枢纽港打造冷链物流中心，构建实体连锁网络，各个交易方可以通过枢纽港电商平台完成交易，也可通过实体店面完成销售，提高农产品流通效率。

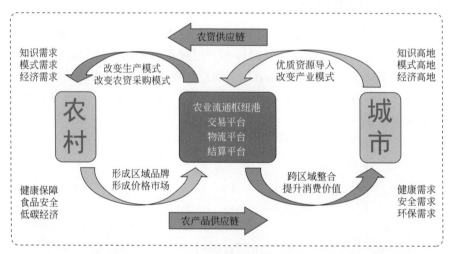

图 7-19　农业流通枢纽港模式

枢纽港连锁模式不仅减少了农产品交易环节，还可为农产品来源、运输和配送提供可查验的溯源体系，农产品质量和食品安全可得到保证。此模式还可以叠加农业品牌营销、人才培训、农机融资租赁、供应链金融等服务，为产业链上的中小企业提供全方位支持，促进区域农业供应链的健康发展。

7.4.3.3　第四方物流模式

第四方物流（4PL）如图 7-20 所示，较第三方物流（3PL）而言，是供应链管理与"互联网＋"深度融合的一种新模式，是市场整合的结果。第三方物流是独立于卖方和买方专门提供物流服务的第三方企业。而第四方物流是将上游供应商、第三方物流、下游经销商充分建立联系并管理，通过互联网收集和传递信息，将库存降到最低，甚至为零，建立客户定制的一体化的最优虚拟供应链。

第四方物流通过统筹物流系统和物流活动的规划和决策，优先选用对环境影响最小的方案，有利于实现真正的绿色物流；物流运输和相关人力成本的降低，有利于实现终端消费者利益最大化。就农产品而言，第四方物流需要对农户收集农产品生产信息，根据经销商、消费者对农产品的需求，合理配置第三方物流方面的资源，以最优化的方式将农产品送到农产品经销商和消费者的手中。作为供需市场的信息集成方，不仅能更好地销售农产品，还可以为农户提供生产指导。第四方物流的引入，可加快我国从产能过剩的时代转向供给充足下的

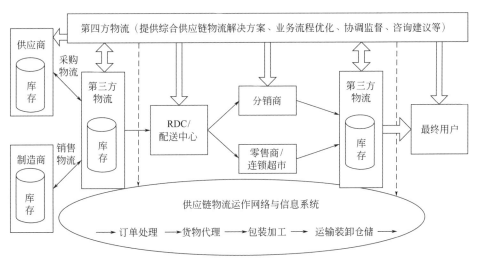

图 7-20 第四方物流模式

"计划"生产,促进整个农业系统实现有机循环。

不管是哪种物流模式,为了保证绿色农产品的新鲜程度,在配送过程中,应使用冷链物流,让绿色农产品在整个配送阶段都处于低温环境,以保证农产品的品质安全;使用温湿度监控系统适时掌握农产品的温度和湿度,并运用科技手段对其进行合理调整,防止农产品在运输或储存过程中受到污染。同时,还需配备专门的工作人员对异常情况进行处理。绿色物流模式中的冷链物流在技术层面上的创新有:产后商品处理技术、屠宰加工环节实现低温控制技术、包装规模化技术、一体化冷链技术、温度监测技术、食品追溯技术、HACCP 技术、3S 技术、生鲜农产品质量等级化技术、上下游企业冷链对接技术、供应链管理技术、食品追溯技术等。还有大数据管理技术,依托大数据进行精准的市场需求分析,指导产业运营与客户管理。

7.4.4 "互联网+"背景下四川省绿色农产品绿色消费模式

在"互联网+"的背景下,四川省绿色农产品的绿色消费模式是需要建立在一定的物质经济基础、"互联网+应用技术"等的基础之上,在全社会宣扬绿色消费文化,树立绿色消费理念,为保证绿色消费环境的有效、有序、健康发展,在各层级的顶层设计上,建立、完善绿色消费制度,构建绿色消费场景,不断践行绿色消费行为。构建绿色消费模式是一项系统工程,涉及政府、企业、消费者、社会组织等多个主体,需要在一定的经济、物质、技术基础上,结合绿色消费文化、绿色消费制度、绿色消费场景以及消费者自身的努力,才能产生良性的、可持续的绿色消费模式(图 7-21)。

7.4.4.1 宣扬绿色消费文化

绿色消费又称"可持续消费",是一种既满足人们生活生产需要,又满足生态环境健康发展需要的消费方式,是对人与自然和谐发展这一理念的有效实践。绿色消费以"节约资源、减少污染、绿色生活、环保选购、重复使用、多次利用、分类回收、循环再生、保护自然、万物共存"为特征,是一种科学、健康、合理的消费理念。

绿色消费文化具有三层含义:一是倡导消费者在消费时选择未被污染或有助于公众健康

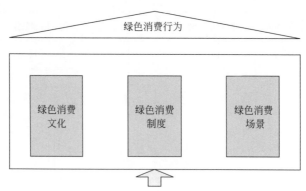

图 7-21 "互联网+"背景下农产品绿色消费模式

的绿色产品;二是在消费过程中注重对垃圾的处置,不造成环境污染;三是引导消费者转变消费观念,崇尚自然、追求健康,在追求生活舒适的同时,注重环保、节约资源和能源,实现可持续消费,尽量选择无污染、无公害、有助于健康的绿色产品,把购买绿色产品视为一种时尚。从消费观念上看,要创新消费理念,培养消费者绿色低碳的生活方式。比如,可以在社会日常生活中开展绿色节能行动,从而树立起消费者的绿色消费理念,引领他们进行绿色消费实践。

7.4.4.2 建设绿色消费制度

从消费制度上看,四川省政府应不断制定并完善有关绿色消费的法律法规、环境政策、绿色产业发展政策;推行绿色标志产品认证制度和标识管理制度,以及绿色产品的监测、监督和管理制度;建立绿色产品生产和消费的约束、激励机制以及绿色核算体系等制度。这些对每个社会成员的消费行为起着导向或限制的作用。

7.4.4.3 构建绿色消费场景

发展绿色产业,开拓绿色产品,是绿色消费的物质基础。为了推进绿色消费,就必须建立一个强有力的绿色产业基础,生产丰富的绿色产品供人们消费。随着消费者消费需求的不断升级,绿色农产品供应者应不断优化产品及服务体验,挖掘消费者的潜在需求,通过营造绿色消费场景,刺激绿色消费。本部分介绍两种较新的绿色消费场景:直接体验式绿色消费场景、间接体验式绿色消费场景。

(1) 直接体验式绿色消费场景 指让消费者置身于绿色、有机、生态的农业环境场景之中,通过消费者的亲身体验刺激消费者的消费欲望,以绿色产品及服务满足消费者的多样化需求。

以成都青白江区福洪镇的田园综合体项目——我的田园为例,该项目以"有机、绿色、生态"为宗旨,以欧亚大陆桥头堡——青白江自贸区铁路港为依托,以亚欧农产品交易会展为引擎,致力于构建农商旅融合发展新模式,打造有机农业国际品牌,带动当地产业升级。"我的田园"项目是集会展经济、国际贸易、家庭农庄、仓储物流、休闲、体验、康养、度假为一体的"农业现代园区+特色小镇"田园综合体示范项目。

"我的田园"综合体项目自落地以来,在带动当地休闲旅游产业发展的同时,也促进了农业生产、加工、物流、仓储、营销链式发展，不断拓展农牧结合、休闲农业、乡村旅游、网购电商、乡村养生养老等领域，推进一二三产业融合发展，构建起绿色消费新场景。

（2）间接体验式的绿色消费场景　又称"可视农业"模式，主要是指依靠互联网、物联网、云计算、雷达技术及现代视频技术将农作物或牲畜生长的过程呈现在公众面前，让消费者放心购买优质产品的一种模式。

"可视农业"还有一大功能，就是可靠的期货订单效应，众多的"可视农业"消费者或投资者，通过利用网络平台进行远程观察并下达订单，他们在任何地方通过可视平台都能观察到自己订的蔬菜、水果和猪牛羊等的生产、管理全过程。

四川省绿色农产品企业可以借鉴浙江遂昌湖山原生态农产品有限公司的可视农业模式，该公司茶叶可视基地有230亩，于2018年初开始建设，该基地的建设与设备安装已基本完成，包括开通宽带网络、安装摄像头等。据统计，茶叶可视基地目前在全国大约有600家，基地建成后，能严控农药残留和化肥的使用，以保障消费者食品安全，建立真正无公害的绿色食品基地。通过可视系统和网络，消费者能实时查看基地生产作业和作物生长情况，从而激发他们的购买热情，最终可提高茶叶产品的知名度，促进茶农增收。

7.4.4.4　激发绿色消费行为

从消费行为上看，通过大数据、信息技术、物联网、云平台等高新技术可助力消费行为绿色化，建立起产品信息全程可追溯体系，并加强产品生产、物流、品牌等信息的数字化建设，通过便民化服务、扫码服务等创新技术使消费者可以方便查看消费产品的全面信息、链条信息，从而在消费行为上加大对绿色产品的支持。同时在消费过程中，还应注意减少对一次性产品的使用，加强对自然生态环境的保护，要以不给自然环境造成负担为消费的前提。

中国绿色食品溯源平台的用户体系包括经销商用户、政府机构用户、企业用户和消费者用户（图7-22）。其中，政府机构用户将现有的产品溯源信息，通过与平台对接，有效地传送到消费端，让老百姓从信息层获得更多保障；经销商用户有效整合区域内绿色食品企业资源，与当地政府及商业伙伴合作，以防伪溯源业务为原点，辐射到绿色食品产业线上线下各个领域；企业用户通过增加消费者对企业的信任度、提高消费者对溯源产品的信赖度和黏性，为企业网站有效引流和增加复购率，促进产品销售，节约宣传推广成本；消费者用户通过扫描可辨别产品真伪信息、查看产品生产的全流程信息，参与企业营销，让消费者放心选购，享受更多产品优惠。

图7-22　中国绿色食品溯源平台用户体系

参考文献

[1] 万后芬.绿色营销［M］.2 版.北京：高等教育出版社，2006.
[2] 陈启杰.绿色市场营销学［M］.北京：中国财政经济出版社，2004.
[3] 赵云君.中国企业绿色营销竞争力研究［M］.北京：经济管理出版社，2010.
[4] 杰夫・科南特，帕姆・费德姆.环境健康社区指南［M］.云南省健康与发展研究会，译.昆明：云南大学出版社，2012.
[5] 汪抒亚.论绿色营销渠道的构建［J］.当代经济，2010（8）.
[6] 王星星.绿色供应商选择研究述评［J］.经济研究导刊，2017（4）.
[7] 王佳，王建壮.绿色供应商的选择与评估研究［J］.商场现代化，2012（26）.
[8] 赵堂成.企业在绿色营销中实现可持续发展的对策分析［J］.中小企业管理与科技（下旬刊），2010（6）.
[9] 陈靖，樊志瑶.关于大学生绿色消费意识与行为的调查——以重庆市南岸区高校为例［J］.中国商论，2018（26）.
[10] 马瑞婧.绿色营销的现代经济学基础分析［J］.中国流通经济，2000（3）.
[11] 魏明侠.绿色营销的基本范畴分析［J］.江西社会科学，2001（6）.
[12] 李鸿雁，何斌，范红岗，等.国内外绿色管理研究的知识结构与动态演化［J］.技术经济与管理研究，2019（3）.
[13] 郑攀.可持续发展与绿色营销［J］.经济师，2015（7）.
[14] 雷满丽.社会共生论下的绿色营销研究——目标、本质、机制与架构［J］.价格月刊，2014（3）.
[15] 邓小松.四川省绿色食品发展现状及建议［J］.四川农业科技，2015（1）.
[16] 彭春莲.四川省绿色食品发展对策研究［J］.四川农业与农机，2019（2）.
[17] 毕思勇.生态文明背景下的企业绿色营销战略研究［D］.青岛：中国海洋大学，2011.
[18] 苏宝塍.电解水・肥设备助力绿色农业发展——四川建元天地环保科技有限公司［J］.中国高新技术企业，2018（11）.
[19] 肖春兰.关于绿色营销存在的问题分析及对策探讨［J］.知识经济，2019（22）.
[20] 刘志林.市场营销学相关概念辨析［J］.商业时代，2010（3）.
[21] 孙伟.市场营销理论体系的演进及其拓展空间［J］.文化创新比较研究，2018（24）.
[22] 韩颖，张锦裕."绿色营销"的理论溯源、实践分析及策略探讨［J］.纳税，2018（9）.
[23] 蒋秀秀.绿色营销问题及发展对策分析［J］.商场现代化，2016（16）.
[24] 俞博文.绿色营销与可持续发展探析［J］.当代经济，2016（4）.
[25] 侯敏.依云矿泉水的贵族之路［J］.艺术品鉴，2015（1）.
[26] 苏华.依云："水中贵族"的品牌心经［J］.销售与市场（评论版），2010（7）.